JN422771

AI와 X테크

인공지능총서

인공지능 시대입니다. 기계가 인간의 인지를 대신하고, 사물이 인간을 통하지 않고 다른 사물과 직접 커뮤니케이션합니다. 이에 따른 인간 삶과 문명 변화를 정확히 이해·예측·대응하는 것은 이 시대 우리 모두의 과제입니다. 인공지능총서는 인공지능 기술과 환경의 여러 주제를 10가지 키워드로 정리합니다. 관련 개념과 이론, 학계와 산업계의 쟁점, 우리 일상의 변화를 다룹니다. 인간과 기술의 현재, 미래를 세심히 분석합니다.

일러두기

- 인명, 작품명, 저서명, 개념어 등은 한글과 함께 괄호 안에 해당 국가의 원어를 병기했습니다.
- 외래어 표기는 현행 어문규정의 외래어표기법을 따랐습니다.

처음이세요?

전문가세요?

지금, 큐알 찍으면

🎁 AI 입문서 바로 선물

📚 당신만의 필독서 추천

📖 500권 요약본 공짜

🎧 오디오북 무료 사용

AI와 X테크

조혜인

대한민국, 서울, 커뮤니케이션북스, 2025

AI와 X테크

지은이 조혜인
펴낸이 박영률

초판 1쇄 펴낸날 2025년 9월 12일

커뮤니케이션북스(주)
출판 등록 2007년 8월 17일 제313-2007-000166호
02880 서울시 성북구 성북로 5-11
전화(02) 7474 001, 팩스(02) 736 5047
commbooks@commbooks.com
www.commbooks.com

이 책은 커뮤니케이션북스(주)가 저작권자와 계약해 발행했습니다.
본사의 서면 허락 없이는 어떠한 형태나 수단으로도
이 책의 내용을 이용할 수 없음을 알려드립니다.

ⓒ 조혜인, 2025

ISBN 979-11-430-0873-2 03500

책값은 뒤표지에 표시되어 있습니다.

차례

AI는 나아가고, 인간은 돌아본다

AI 시대 속도와 경계

1962년 에버렛 로저스(Everett M. Rogers)의 혁신 확산 이론(Innovation Diffusion Theory)은 기술이 초기 수용자에게서 시작해 점진적으로 대중과 후발 수용자에게로 퍼져 나간다고 설명한다(Mambile & Ishengoma, 2024). 하지만 챗GPT의 등장은 단기간에 시장을 장악하며 기존 모델을 연이어 대체하는 양상을 보여 주었다.

이러한 맥락에서 파괴적 혁신 이론(Disruptive Innovation Theory)은 오늘날 기술 생태계를 주도하는 강력한 분석 틀로 부상하고 있다. 새로운 기술이 등장해 기존 방식을 해체하고 재구성하는 방식을 설명한다. 디지털 기술은 초기의 과잉 기대와 거품을 거쳐 결국 주류로 전환되는 과정을 반복하며, 그 속도는 이전과 비교할 수 없을 만큼 가속화되고 있다.

예측 불허의 확산을 가능하게 만드는 조건은 다음과 같다. 첫째, 직관적이고 쉬운 디자인을 통해 초기부터 사용 장벽을 최소화한다. 둘째, 네트워크 효과가 작동해 참여자 수가 늘수록 플랫폼의 가치는 기하급수적으로 확대된다. 셋째, 알고리즘 기반의 개인화 경험이 사용자를 끊임없이 붙잡아 두며, 이는 곧 지속적 학습과 확산으로 이어진다.

변화 속에서 인간의 위치 또한 재정의된다. 전통적으로 만드는 자와 사용하는 자를 명확히 구분하던 것에서 벗어나, 사용자는 AI 시스템과 상호 작용해 더 나은 결과물을 만들어 내고, 동시에 시스템을 학습시키는 공동 생산자의 역할을 하게 한다(Waardenburg & Huysman, 2022).

AI는 완성품으로 사용자에게 전달되는 도구가 아니다. 머신러닝 알고리즘은 데이터 규칙과 프로세스를 발견해 끊임없이 스스로 학습하고 예측한다. 순서대로 개발하고 사용하는 것이 아니라, 사용과 동시에 개발하는 과정에 참여하게 된다.

AI 기술이 예상보다 훨씬 빠르게 발전하면서, 산업 간 경계 또한 허물어지고 있다. 이제는 다양한 분야를 넘나들며 기술과 비즈니스, 인문학적 사고를 융합할 수 있는 무경계형 인재가 주목받는 시대가 되었다. AI를 활용하는 과정에서 기존에 분리되어 있던 개발자와 사용자, 데이터 생산자와 해석자, 기술자와 비전문가의 역할도 서로 혼재되어 조직 내 규칙을 바꾸게 된다. 이를 실제 실천 영역으로 구체화하면 다음과 같다.

첫째, 데이터 생산이다. 질 높은 데이터 세트의 구축에는 인공지능이 학습할 수 있도록 데이터를 수집, 정제 및 가공하는 과정이 필요하다. AI가 정확하게 학습할 수 있도록 개발자뿐 아니라 각 업무 영역의 실무자도 역할을 해야 한다. 이를테면 의료 현장에서 의사가 AI를 학습시키기 위해서 종양의 위치와 크기를 정확히 지정하는 윤곽 설정 작업을 추가로 진행하는 것이다.

둘째, 설명 가능한 AI(eXplainable AI, XAI)에 대한 실천이다. AI의 예측은 전문가 논의를 통해 다시 정의되어야 조직적 의사 결정에 활용될 수 있다. 예컨대 금융기업은 AI의 경고 신호를 개발자와 금융 전문가가 공동 검토한 후에야 실제 적용이 가능하다.

셋째, AI의 배포와 공동 유지다. 기술은 배포되는 순간 완결되는 것이 아니라, 실제 현장에서 사용되면서 끊임없이 수정되어야 한다. 현장 사용자는 수동적인 소비자가 아니라 능동적인 공동 개발자로서 피드백을 주고받아야 한다.

인공지능과 인간 지능

인공지능(Artificial Intelligence, AI)이라는 용어가 1956년 다트머스 회의에서 처음 제안된 이래, '지능'을 기술 시스템에 그대로 부여해 왔다. 그러나 오늘날 AI라는 말은 마케팅 수단으로 과도하게 사용되면서 실제로는 매우 단순한 기술까지 AI로 불리는 등 의미가 모호해지고 있다. 머신러닝조차 사용하지 않는 기업들도 자사 기술을 AI라고 홍보하는 연구 결과는 AI 용어가 과도하게 남용되고 있으며, 그 의미가 퇴색되었음을 보여 준다(Jarrahi et al., 2022).

AI라는 용어가 다양하게 사용되면서 의미가 불명확해졌기 때문에, AI의 정체성을 제대로 이해하려면 그 출발점인 지능이라는 개념으로 돌아가야 한다. 1955년, 미국의 컴퓨터과학자 존 매카시(John McCarthy)는 AI를 "지능을 가진 기계들을 만드는 과학과 기술"이라 정의했고, Legg와 Hutter는 70여 개의 정의를 종합해 "다양한 환경에서 목표를 달성하는 능력"으로 지능을 설명했다(Jarrahi et al., 2022).

오늘날 AI는 학습, 추론, 적응 능력 면에서 놀라운 성과를 보이고 있지만 이는 특정한 조건에 최적화된 결과다. AI는 정답을 산출할 수는 있지만 왜 그러한 결과가 도출되었는지 스스로 설명하지 못한다. 그 작동 과정이 인간에게는 보이지 않으며, AI가 스스로 학습을 통해 얻은 지식은 인간이 해석하거나 전수하기 어려운 형태의 '기계 암묵지(machine tacit knowledge)'의 형태로 남는다(Sanzogni et al., 2017).

AI는 겉으로는 인간과 유사해 보이지만, 실제로는 인간과 전혀 다른 방식으로 작동하기 때문에 이 차이점은 AI가 사고하는 방식의 근본적인 한계로 귀결된다. AI는 그 의미를 이해하기보다는 방대한 데이터 속에서 패턴을 찾아내고, 목표에 부합하는 결론을 내린다. 이처럼 AI가 매우 빠른 속도로 계산하고 반복적인 추론을 수행하는 데 능숙하다는 것은 일부에서 AI가 인간을 완전히 대체할 수 있다고 주장하게 한다. 하지만 이러한 주장은 인간 지능을 매우 단순한 것으로 오해하는 데서 비롯된다.

인공지능과 인간 지능의 근본적인 차이는 속도나 능력의 크기가 아닌 지능의 형태와 작동 원리에 있다. 인간 지능은 훨씬 더 복합적이고 다층적이다. 인간은 한정된 정보에서도 유추하고, 주어진 조건을 넘어 새로운 가능성을 상상하며, 명확히 정의되지 않은 목표 앞에서 독자적인 판단 기준을 만들 수 있다. 다양한 감정과 경험을 통합하고, 이질적인 정보를 연결해 의미를 구성하는 능력은 인간 고유의 사고 양식이다. 특히 유추적 사고, 암묵지, 감성적 직관은 기계가 쉽게 모방하거나 모델링하기 어렵다.

인간-AI 상호 작용

인간의 인식은 인공지능과의 협업을 필연적으로 여기도록 변화하고 있다. 지식이 필요한 대부분 영역에서 이미 협업 사례가 늘어나고 있다. 이는 인간의 작업 효율을 높이고, 고차원적인 과업이 원활히 수행되도록 돕는다.

증강지능(Augmented Intelligence)은 이러한 활용을 잘 보여 주는 사례다. 독립형 AI 모델이 자율적으로 판단하는 것과 달리 증강지능은 인간이 함께 문제를 해결하는 방식이다. AI는 인간을 대체하는 것이 아니라 능력을 보완해 더 나은 결과를 창출하도록 한다.

생성형 AI의 등장으로 창작의 방식도 달라졌다. 백지에서 고민을 시작하기보다, AI가 제시하는 다양한 아이디어들을 창작의 출발점으로 삼을 수 있게 되었다. 인간은 AI의 산출물에 의미를 더하고, 최종적으로 어떤 가치를 부여할지 결정할 수 있다.

더 나아가 인간의 인지 능력을 AI 시스템에 통합해 상호학습하는 것을 목표하는 하이브리드 증강지능

(Hybrid-Augmented Intelligence, HAI)이 있다. HAI는 크게 두 가지 모델로 구분된다.

첫째, 휴먼 인 더 루프(Human-in-the-Loop, HITL)이다. 구조적으로 AI 시스템의 의사 결정 과정에 인간이 반드시 참여하도록 되어 있다. AI가 결정을 제안하거나 분석 결과를 보여 주면, 최종적으로 그 결정을 승인하거나 수정하는 권한은 인간에게 있다. AI는 윤리적 판단을 내릴 수 없다 보니 인간이 AI의 결정을 감시하고 책임지는 역할을 맡아야 하는 것이다(Enarsson et al., 2022).

둘째, 인지 컴퓨팅(Cognitive Computing)이다. 이는 인간의 사고 과정인 지각, 추론, 학습 등을 알고리즘으로 모방해 AI 시스템에 통합하는 것이다. 이 모델은 맥락을 파악하고 복잡한 정보의 관계를 분석한다. 그리고 이러한 경험을 바탕으로 학습해 정밀한 판단을 한다.

두 모델은 인간의 직관과 AI의 계산 능력이 결합해 복잡한 문제를 해결한다. 예를 들어, 당뇨병 환자의 연속 혈당 모니터링 시스템에서 인간은 자신의 주관적인 데이터를 제공하고, AI는 환자가 입력한 객관적 데이터를 분석해 개인화된 식단과 운동 가이드를 제안한다. 환자는 AI가 제공한 분석 결과를 보며 자신의 혈당 관리에 대한 정보를 바탕으로 의사 결정을 한다(Dave et al., 2023).

AI와 인간은 서로의 강점을 살려 함께 목표를 달성하는 협력 관계가 필요하다. 이러한 관계의 첫 번째 구조는 인간이 AI를 증강한다(Human-augmented AI). 오늘날 AI의 발전은 인간의 학습 데이터 공급과 피드백에 의존하고 있다. 인간이 만든 훈련 데이터 없이 기계학습은 불가능하며, 알고리즘 역시 인간의 반복적인 개선으로 더욱 정교해진다. 이에 대한 비판으로 타자화된 자동화 즉, 인간이 무의식적으로 AI 시스템을 위해 노동력을 제공하고 있지만, 그 사실을 인지하지 못하는 상태인 '헤테로메이션(heteromation)'이 있다(Irani, 2021).

두 번째 구조는 AI가 인간을 증강하는 방식이다(Augmented human intelligence). AI는 방대한 정보를 처리하고 복잡한 계산을 하는 능력이 뛰어나기 때문에, 이 강점을 활용해 인간이 더 창의적이고 전략적인 일에 집중할 수 있게 도와준다. 이는 체스, 금융, 디자인, 의료 등 다양한 분야에서 '인간+AI 팀'이 단독보다 우수한 성과를 보여 줘 입증되고 있다. 체스 대회 그랜드마스터인 가리 카스파로프(Garry Kasparov)는 AI와의 대결을 경험한 후, 이길 수 없다면 함께하라며 인간과 기계의 협력을 강조했다.

사회기술시스템 또한 인간과 AI의 협업을 반영하는

접근 방법이다(Jarrahi et al., 2022). 이 방법론은 기술을 사용하는 사람과 조직, 문화 같은 사회적 요소를 함께 고려하도록 한다. 따라서 시스템을 설계할 때 기술적 효율성과 사람의 만족도, 그리고 조직의 목표까지 동시에 최적화하는 데 중점을 둔다.

그러나 이러한 공생적 관계에는 해결해야 할 중요한 과제들이 산적해 있다. 인간은 수많은 경험을 통해 쌓는 직관, 감정, 윤리적 판단과 같은 암묵적 지식은 논리나 코드로 명확히 설명하기 어렵다. 반면 AI가 어떤 결론을 내렸을 때는 블랙박스와 같이 그 이유와 과정이 명확하게 설명되지 않는 경우가 많다.

결국 미래에 인간과 AI가 함께 살아가려면 기술 진보뿐만 아니라 사회 전체의 노력에 의한 공존 환경 조성이 요구된다. AI의 결정은 인간의 도덕적이고 윤리적인 판단과 부합하도록 정렬(alignment)되어야 할 것이고, 인간은 AI의 작동 방식을 이해하고 제대로 활용할 수 있도록 리터러시(literacy)를 함양해야 한다. 그러기 위해 교육, 설계, 사용, 평가의 전 과정을 포괄하는 다학제 협력과 사회적 감수성이 뒷받침되어야 할 것이다.

인지 외주화

기술 도구를 활용하는 것에서 인간의 인지 능력 발달에 미치는 장기적인 영향이 있다. 이른바, 인지적 오프로딩(Cognitive Offloading)으로 인지적 부담을 줄이기 위해 물리적 행동을 사용해 정보 처리 요구 사항을 변경하는 것에 이어지는 우려다.

작업 기억에 필요한 자원을 줄이기 위해 외부 도구를 사용하는 것은 즉각적인 문제 해결 정확도와 속도를 높인다는 장점이 있다. 이렇게 해방된 인지 부하(cognitive load)는 나머지 과제 관련 정보에 대한 더 깊은 처리에 사용되어 기억력과 학습을 향상할 수 있다. 그러기 위해서는 학습에 도움이 될 만큼 인지 자원의 양이 충분히 커야 한다(Gerlich, M., 2025).

하지만 그에 따르는 대가도 있다. 외주화된 정보에 대한 후속 기억 형성을 방해하는 것이다. AI가 일상적인 작업을 자동화하면서 개인은 도구에 과도하게 의존하게 되어 자신의 인지 능력을 연습하고 개발할 기회를 잃어버릴 수 있다.

그리고 AI 기반 장치 및 애플리케이션의 끊임없는 알림과 업데이트는 주의력을 분산시키고 한 가지 작업에 장시간 집중할 수 있는 능력을 떨어뜨린다. 이에 따라 정보 처리가 피상적으로 이루어지고 복잡한 작업에 대한 참여가 점점 줄어든다.

이러한 양면성 때문에 AI를 어떻게 활용해야 하는지에 대한 고민에 직면한다. 전부를 맡겨서는 안 되고, 그렇다고 거부하는 것도 불가하다. 바로 이러한 딜레마를 해결하기 위한 통찰을 골디락스 존이라는 개념에서 찾을 수 있다.

너무 뜨겁지도, 너무 차갑지도 않은 적당한 온도의 수프를 찾았던 소녀의 이야기에서 생존의 조건에 대한 교훈이 유래한다. 이처럼 최적의 균형점을 찾기 위해서는 불필요한 인지 부하를 AI에게 현명하게 위임하고, 오직 인간만이 할 수 있는 고차원적인 사고와 판단에는 뇌의 에너지를 온전히 쏟아부을 수 있어야 할 것이다(Babelet al., 2019).

인지적 공백 채우기

기계의 창의성에 관한 의문은 이제 기계와 인간이 어떻게 함께 창의성을 만들 수 있는가에 대한 현실적인 질문으로 바뀌고 있다.

AI는 창의적인 산출물이 범람하게 한다. 그러나 결과물의 양이 아니라, 창의성이라는 의미의 본질을 다시금

짚어 볼 필요가 있다. 진정한 창의성은 우발적인 영감이 아니라 인간의 '왜'라는 질문에서 시작되며, 그 과정에 의도와 감각이 포함된다. 즉, 인간의 창작 행위에는 깊은 감정적 몰입과 윤리적 고민이 담겨 있다. 인간은 창작물을 만들면서 자신을 되돌아보고 부족함을 느끼기 때문에 반복적으로 수정한다(Vinchon et al., 2023).

AI가 '무엇'을 만들어 낼 수 있는지보다 인간의 '왜'에 주목하면서, AI가 만들어 낸 결과물에 대한 비판적인 평가와 신뢰 기준을 정립하는 것이 중요해졌다. 이 논의 중에는 AI가 예측 불가능한 다양한 문제에 직면했을 때, 외부 환경 변화에 흔들리지 않고 안정성을 유지할 수 있는 견고성에 관한 내용도 있다.

교육 분야에서도 AI를 단지 정답을 찾는 도구로 사용하는 대신, 인간의 비판적 사고를 기르는 조력자로 활용하는 접근이 필요하다. 실제로 미국의 여러 대학은 AI를 활용해 학생들의 질문 능력을 키우는 교육을 실천하고 있다.

조지아 공대에서는 AI 도구 '소크라틱 마인드(Socratic Mind)'를 수업에 도입해, 학생들에게 정답을 묻는 대신 "왜 그렇게 생각하는가?"와 같은 질문을 반복적으로 던지도록 설계했다. 질문이 학습의 시작이자 본질이 될 수 있음을 인지하고, 비판적 사고를 함양하는 실천 방안으로 AI 교육을 제공하고 있다(Georgia Institute of Technology, 2024).

물론 이러한 교육 방식에도 의견은 분분하다. 명료한 해설과 실체적인 피드백이 주어져야 더 효과적인 교육 장면들도 있기 때문이다. 중요한 것은 목적과 맥락에 따라 최적화된 학습 전략을 설계하기 위해 교육 방법에 대한 고민의 끈을 놓지 않는 것이다.

질문이 비판적 사고의 문을 열어 준다면, 이에 따르는 실행은 창의적으로 이어진다. AI 시대에 요구되는 인재 역량은 지식을 얼마나 많이 아는가가 아니라 지식을 어떻게 의심하고, 해석하고, 새롭게 연결하는가에 있다(Wu, 2024).

창의성을 이끄는 것은 정형화된 데이터 뒤에 놓인 아직 감지되지 않은 신호를 포착할 수 있는 직관이다. 오늘날의 AI는 방대한 데이터를 처리하며 예측 정밀도를 높이고 있지만 관측 불가능한 요소에는 아직 접근이 어렵다. 생체 데이터 등의 활용에 대해 윤리적 원칙이 선결되어야 하는 절차상의 이슈는 무시하기 어렵다. 아직은 언어적 뉘앙스, 감정의 파동, 맥락의 변화, 경험에서 누적된 통찰 같은 미세한 신호를 잡아내는 면에서 인간이 우

월하기도 하다.

예를 들어, AI는 환자의 건강 악화 가능성을 수치화할 수 있지만 의료인은 환자의 눈빛과 주저하는 말투에서 불안과 고통의 징후를 예감한다. 아동 학대 신고 전화를 분류하는 작업에서 AI는 행정 데이터를 분석하지만, 상담원은 침묵의 길이나 목소리의 떨림 속에서 구조 요청을 인식한다. 이처럼 인간은 자료화하지 않은 직관적 감지도 과거의 경험, 지식, 그리고 깊은 성찰과 결합해 복합적인 판단을 내릴 수 있다.

과거에는 AI와의 협업이 속도와 정확성에 초점이 맞춰져 있었다. 하지만 이제는 AI가 볼 수 없는 것을 인간이 볼 수 있는지, 그리고 그 가치를 스스로 깨달을 수 있는지를 묻는 단계로 나아가고 있다. 인간의 역할은 AI가 할 수 있는 것을 나눠서 맡는 것이 아닌 '인지의 공백'을 발견하고 메우는 것이다(Holstein et al., 2023).

또 하나의 감각

미국의 기술 철학자 섀넌 발러(Shannon Vallor) 교수는 인간이 만들어 낸 언어, 논리 및 편견의 파편들을 모아서 되비추는 AI 현상을 일컬어, 'AI 거울(AI Mirror)'이라 부른다(Vallor, 2024). 이 같은 은유는 AI의 환상이 현실 왜 곡이나 인간 자신과의 단절을 초래하는 문제점을 지적하고자 하며, 거울에 비친 이미지가 실제가 아닌 반영에 불과하다는 것을 분별하길 우리에게 제안한다.

거울 속의 나는 실제의 나와 같지만, 좌우가 반대이고, 나르키소스 신화 속 호수에 비춘 모습은 손짓 한 번에 쉽게 일그러지는 것이었다. 어딘가에 투영된 것과 같이 자신을 낯설게 바라보는 능력은 오늘날 우리에게 꼭 필요한 시대적 요청이다.

튜링 테스트도 수십 년이 지났다. 최근에는 AI가 사람처럼 자의식을 가졌다고 주장한 구글 엔지니어가 규정 위반을 사유로 해고되는 사건도 있었다. AI를 또 다른 지능이나 사람으로 볼 수 있는지에 대한 논란에 앞서, 우리는 기술의 실체에 비해 맹목적인 믿음을 가지고 있는 것은 아닌지 먼저 살펴봐야 한다.

물론 생성형 AI는 인간의 언어를 놀라울 만큼 잘 따라한다. 하지만 AI는 그저 학습한 데이터를 바탕으로 다음 단어를 예측해 문장을 만들 뿐이다. 이처럼 AI는 미래를 향해 나아가는 기술이면서도, 동시에 우리를 거울 앞에 세우는 매개물이 된다. AI의 등장으로 'AI가 할 수 없는 일은 무엇인가?', '인간답게 남는다는 것은 무엇인가?'라는 질문을 우리 스스로에게 던지게 된 것이다.

AI 시대의 인간으로 살아가기 위한 출발점은 감각의 회복이다. 여기서 말하는 감각이란 질문을 던지고, 의미를 되묻고, 존재를 해석하는 능력, 곧 성찰(reflection)이다. 그것은 가장 오래된 인간의 능력이자, 다음 시대를 이끌어 갈 가장 새로운 기술이다.

참고문헌

Babel, M. et al.(2019). The Goldilocks zone of perceptual learning. *Phonetica, 76*(2–3), pp.179~200.

Dave, D. M. et al.(2023). Augmented intelligence: Human–AI collaboration in the era of digital transformation. *International Journal of Engineering Applied Sciences and Technology, 8*(6), pp.24~33.

Enarsson, T. et al.(2022). Approaching the human in the loop – legal perspectives on hybrid human/algorithmic decision–making in three contexts. *Information & Communications Technology Law, 31*(1), pp.123~153.

Gerlich, M.(2025). AI tools in society: Impacts on cognitive offloading and the future of critical thinking. *Societies, 15*(1), p.6.

Holstein, K. et al.(2023). Toward supporting perceptual complementarity in human–AI collaboration via reflection on unobservables. *Proceedings of the ACM on Human–Computer Interaction, 7*(CSCW1), pp.1~20.

Irani, L.(2021). What is digital labor and how does it change us? Heteromation and other stories of computing and capitalism, by Hamid Ekbia and Bonnie Nardi. Cambridge, MA: MIT Press, 2017. *Information, Communication & Society, 24*(2), pp.307~310.

Jarrahi, M. H. et al.(2022). Artificial intelligence, human intelligence and hybrid intelligence based on mutual augmentation. *Big Data & Society, 9*(2), 20539517221142824.

Kasparov, G. & Greengard, M.(2018). *Deep Thinking: Where machine intelligence ends and human creativity begins.* PublicAffairs.

Mambile, C. & Ishengoma, F.(2024). Exploring the non-linear trajectories of technology adoption in the digital age. *Technological Sustainability, 3*(4), pp.428~448.

McCarthy, J.(2007). *What is artificial intelligence.*

Risko, E. F. & Gilbert, S. J.(2016). Cognitive offloading. *Trends in cognitive sciences, 20*(9), pp.676~688.

Sanzogni, L. et al.(2017). Artificial intelligence and knowledge management: questioning the tacit dimension. *Prometheus, 35*(1), pp.37~56.

Vallor, S.(2024). *The AI mirror: How to reclaim our humanity in an age of machine thinking.* Oxford University Press.

Vinchon, F. et al.(2023). Artificial intelligence & creativity: A manifesto for collaboration. *The Journal of Creative Behavior, 57*(4), pp.472~484.

Waardenburg, L. & Huysman, M.(2022). From coexistence to co-creation: Blurring boundaries in the age of AI. *Information and Organization, 32*(4), 100432.

Wu, Y.(2024). Critical thinking pedagogics design in an era of ChatGPT and other AI tools—Shifting from teaching "what"

to teaching "why" and "how". *Journal of Education and Development, 8*(1), p.1.
Yilmaz Soylu, M.(2025.7.28.). When AI asks: 'Why?' and facilitates critical thinking. Times Higher Education.

01
AI × Tech Glossary

왜 지금, 기술의 언어를 다시 정립해야 하는가. X-Tech 담론의 확산은 분야 간의 경계를 허물고 있지만, 정작 각 분야에서 사용하는 개념들은 여전히 고립되어 소통의 단절을 초래하고 있다. AI는 인간의 언어를 토큰 단위로 쪼개어 처리하지만, 인간은 감정과 경험, 삶의 맥락을 총체적으로 이해하며 의미를 만든다. 기술을 인간의 삶과 제대로 연결하기 위해서는 새로운 해석 도구가 필요하다.

기후 위기와 인공지능?

산업

X-Tech 산업은 빅테크가 구축한 디지털 플랫폼 인프라와 딥테크 기반의 과학 기술 성과를 토대로 진화하고 있다.

빅테크 (Big Tech)

빅테크는 클라우드 컴퓨팅, 빅데이터, 인공지능 기술을 기반으로 디지털 산업과 글로벌 경제를 주도하는 거대 정보통신 기업군을 의미한다. 검색, 소셜 미디어, 전자상거래, 디지털 광고 등 다양한 분야에서 기술 서비스를 제공한다. 대표 기업은 Google, Apple, Amazon, Meta, Microsoft 등이 있다.

딥테크 (DeepTech)

딥테크는 인공지능, 양자컴퓨팅, 나노기술, 로보틱스 등 과학이나 공학의 고난도 기술을 포괄하는 개념이다. 이러한 기술들은 에너지, 생명과학, 첨단 소재, 우주 산업 같은 다양한 분야에서 복잡한 문제를 해결하기 위한 연구 개발에 활용한다. 대표적인 사례로는 자율주행 시스템, 우주 탐사 기술, 신약 개발 플랫폼 등이 있다.

애그테크 (Ag-Tech)

애그테크는 센서, IoT, 드론, 위성 데이터, 정밀 기계 등의 첨단 기술을 농업에 접목해 농작물의 생산량과 질을 높인다. 토양 관리, 병해충 예측, 작물 수확 자동화, 가변비율 적용, 수확량 모니터링 등이 적용되어 농업의 효율성을 높이고 있다.

기반

AI 기술은 식량, 건강, 돌봄 등 생존과 직결된 영역에 적용되며 생애 구조를 다시 설계하고 있다.

푸드테크 (Food-Tech)

푸드테크는 식품의 생산, 가공, 유통, 소비 전반에 걸쳐 인공지능, 사물인터넷(IoT), 3D 프린팅, 로봇 등 정보통신기술(ICT)을 접목하는 분야다. 배양육, 스마트 레시피 앱, 무인 식품 배송 시스템 등이 대표적인 사례다.

헬스테크 (Health-Tech)

헬스테크는 전자의무기록(EHR), AI 진단, 원격 의료, 웨어러블 센서 등 디지털 기술이 융합된 종합 의료 서비스다. 이 기술은 스마트워치 기반 헬스 모니터링, AI

영상 판독, 디지털 치료제 등으로 구현되어 임상 의사 결정 지원, 개인 건강 관리, 의료 영상 분석 등에 활용되고 있다.

에이지테크 (Aging-Tech)

에이지테크는 고령층의 건강하고 독립적인 노후 생활을 위한 웨어러블 기기, 원격 모니터링 시스템, 인공지능 기반 돌봄 서비스, 로봇 기술 등을 포괄한다. 자택 건강 관리, 인지 보조, 사회적 연결, 일상생활 지원 등 다양한 분야에 적용되며 낙상 감지 센서, 음성형 디지털 동반자, 치매 예측 시스템 등이 주요 서비스다.

바이오테크 (BioTech)

바이오테크는 유전자 편집(CRISPR), 합성생물학, 오믹스 기술, 바이오센서 등 생명공학 기반 기술의 발전으로 이루어진다. 이 기술은 의약품 개발, 유전자 진단, 농생명공학 등 다양한 산업에서 활용되며, 대표적인 사례로는 유전자 치료제, mRNA 백신, 미생물 기반 생분해성 소재 생산 등이 있다.

역할

과거 전문가의 직관과 경험에 의존하던 영역에 데이터 기반의 자동화와 예측 기술이 접목되면서 지식 노동의 구조가 재편되고 있다.

리걸테크 (Legal-Tech)

리걸테크는 계약, 소송, 문서 관리 등 법률 서비스에 사용되는 모든 정보통신기술(IT)을 포괄하는 개념이다. 법률 사무소, 기업 법무팀, 온라인 법률 플랫폼 등에서 업무 효율성과 정확성을 높이는 데 활용된다. 대표적인 서비스로는 AI 법률 상담 챗봇, 온라인 계약 검토 도구, 전자 증거 분석(e-Discovery) 시스템 등이 있다.

레그테크 (RegTech)

레그테크는 금융, 보험, 핀테크 기업의 컴플라이언스(규제 준수)를 돕는 기술을 말한다. 준법 내부 통제 모니터링, 신원 증명, 자금 세탁 방지(AML) 등의 업무를 지원하며, 자금 세탁 방지 분석 툴, 실시간 거래 감시 시스템 등이 대표적인 예다.

에듀테크 (EdTech)

에듀테크는 초중등 교육, 고등교육, 기업 연수, 평생학습 등 다양한 교육 환경과 서비스를 기술로 개선하는 분야다. 이는 온라인 학습 플랫폼, 적응형 평가 시스템, 학습 분석(Learning Analytics), VR · AR 기반 교육 등을 포괄한다. 대표적인 도구로 AI 튜터, 메타버스 교실, 맞춤형 학습 추천 시스템 등이 있다.

HR테크 (HR-Tech)

HR테크는 채용 자동화, 인재 분석, 성과 평가, 디지털 학습 플랫폼 등 조직 내 인적 자원 관리 전반을 기술로 지원한다. AI 기반 이력서 분석과 디지털 피드백 시스템 같은 기술은 인사 관리, 역량 진단, 경력 개발, 직원 참여 관리 등에 적용되어 구성원이 역량을 최대한 발휘하게 돕고, 인사 관리 성과를 높인다.

경험

기술은 생활 깊숙이 일상 흐름을 연결하고, 개인의 선택과 경험 방식을 점차 변화시키고 있다.

스마트 제조 (Smart Manufacturing)

스마트 제조는 스마트팩토리를 포함해, 산업 현장에 센

서, 사이버 물리시스템, 디지털 트윈, 예지 정비 기술 등을 통합한 지능형 생산 체계다. 이는 머신비전 검사기, 디지털 트윈 설비, 로봇 협업 시스템 등으로 구현되어 공정 자동화, 실시간 품질 관리, 유연한 생산 라인 운영 등에 적용된다.

핀테크 (FinTech)

핀테크는 전자 결제, 알고리즘 기반 투자, 로보어드바이저, 금융 데이터 분석 등을 통해 금융 서비스를 디지털화하는 영역이다. 결제, 자산 관리, 대출 심사, 신용 평가 등 다양한 금융 업무에 적용되며, 간편 결제 앱, P2P 대출 플랫폼, 온라인 보험 비교 솔루션 등이 주요 서비스다.

프롭테크 (PropTech)

프롭테크는 부동산 거래, 임대, 개발, 시설 관리 등에 AI, 빅데이터, AR 기술 등을 접목하는 분야다. 부동산 플랫폼, 스마트 빌딩, 실시간 시세 분석 도구 등에서 위치 기반 매물 검색, 챗봇 상담 등이 활용된다.

인슈어테크 (InsurTech)

인슈어테크는 보험 상품 추천, 리스크 예측, 보험금 청구 자동화, 챗봇 기반 고객 응대 등을 통해 보험 서비스의 디지털 전환을 지원하는 분야다. 생명, 자동차, 건강 등 다양한 보험 영역에 적용되며, AI 인수 심사, 블록체인 기반 보험금 처리 등이 대표적인 사례다.

리테일테크 (Retail-Tech)

리테일테크는 유통 산업에 AI 추천, 스마트 POS, AR 쇼핑, 비접촉 결제, 수요 예측 알고리즘 등을 적용하는 기술군이다. 온라인 쇼핑몰, 오프라인 매장, O2O(Online to Offline) 서비스 등에서 활용된다.

엔터테크 (Enter-Tech)

엔터테크는 AR · VR, 인터랙티브 콘텐츠, 실시간 스트리밍, AI 기반 콘텐츠 생성 기술 등을 포함하는 분야다. 방송, 공연, 게임, 가상 캐릭터 등 다양한 엔터테인먼트 산업에 적용되며 가상 크리에이터, 몰입형 콘서트 플랫폼 등이 주요 활용 사례다.

뷰티테크 (Beauty-Tech)

뷰티테크는 피부 진단 센서, AI 메이크업 시뮬레이션, 개인 맞춤형 화장품 제조 기술 등을 활용한다. 뷰티 브랜드, 피부과 클리닉, 이커머스 플랫폼 등에서 마트 미러, 피부 데이터 기반 화장품 추천 시스템 등이 서비스화되고 있다.

대응

기술은 인간이 개발을 위해 초래한 문제를 해결하고 지속 가능한 미래를 복원하는 구조 수단으로 작동하고 있다.

기후테크 (Climate-Tech)

기후테크는 기후 데이터 분석, 청정에너지 생산 기술 등을 포함하는 기술 영역이다. 에너지, 제조, 운송, 농업 등 탄소 중립 이행이 요구되는 산업 전반에서 활용되며, 대표 기술로는 탄소 배출량 예측 모델, 태양광 발전 예측 알고리즘, 탄소 포집・이용・저장(CCUS) 설비가 있다.

클린테크 (CleanTech)

클린테크는 재생 에너지 발전, 폐기물 처리, 대기 오염 저감, 친환경 자원 재활용 기술 등 다양한 첨단 기술을 총칭한다. 환경 관리, 순환 경제, 녹색 건축 등 지속 가능한 산업 영역에 적용되며, 대표 사례로는 스마트 그리드, 고효율 에너지 저장 장치 등이 있다.

02

식량의 경로

식량 전주기 시스템이 빈틈없이 진행될수록 인간은 오히려 계획을 벗어나는 행동을 하거나, 예상치 못한 문제를 일으킬 수 있는 변수로 여겨진다. 그러나 생명과 자연은 본질적으로 복잡하고 예측 불가능하며, 돌발 상황은 아무리 뛰어난 알고리즘도 완벽하게 해결하기 어렵다. 인간의 오랜 경험에서 나오는 직관과 창의적인 아이디어는 기술이 감지하지 못하는 문제를 해결하는 열쇠다.

노래하는 AI 보컬?

농장에서 식탁까지

농장에서 식탁까지(Farm to Fork)는 유럽연합(EU)이 주도하는 전략으로 지속 가능한 식량 시스템 전환을 위해 생산부터 소비까지 하나의 유기적 흐름을 재설계하는 정책 비전이다. 자원의 효율성과 환경의 영향을 동시에 고려하는 데 의의가 있다. 유엔의 지속가능발전목표(SDGs)와 연계해 식품의 지속 가능성을 확보하기 위한 노력을 환경과 기후 친화적인 방향으로 전환한다(Marvin et al., 2022).

첫 번째 단계는 농업 생산(Farming)이다. 더 적게 투입해 더 많이, 더 잘 생산하는 것(produce more and better, with less)을 핵심 목표로 설정한다. 이 단계에서는 AI와 IoT 기술을 활용해 작물의 생육 조건을 실시간으로 모니터링하며 위성 이미지와 센서 데이터를 분석해 작황 예측, 질병 감지, 파종 및 수확 시기 결정 등에 적용한다. 자율 농기계와 로봇 시스템은 파종, 관수, 수확 등 반복적 작업을 자동화해 노동력을 보완하고, 정밀 농업은 비료와 살충제 사용을 최소화하면서도 생산성과 생물 다양성을 동시에 유지한다. 수집된 데이터는 클라우드 기반 시스템으로 연동되어 다음 단계의 의사 결정의 핵심인 정보를 제공한다. 다만 이 과정에는 데이터 통합의 어려움, 디지털 격차, 그리고 일자리 대체와 같은 도전 과제들이 존재한다.

두 번째 단계는 수확 후 작업(Post-harvest), 가공(Processing) 및 유통(Distribution)이다. 이 단계는 공급망의 비효율성과 외부 충격에 취약한데, AI 기반 기술이 이를 극복하는 데 결정적인 역할을 한다. 디지털 트윈(Digital Twin)은 생산 설비나 공장의 가상 복제본을 통해 실시간 상태를 시각화하고 제어함으로써 품질과 생산성을 동시에 확보한다. AI는 유통 기한과 재고 정보를 분석해 동적 가격 책정을 수행하고, 유통망 내 낭비를 줄인다. 센서 기반 품질 추적 시스템은 식품의 안전성과 유통의 투명성을 높이며 생산부터 유통까지 모든 정보는 하나의 네트워크로 연결되어 식품 이동 경로 전반의 가시성과 반응 속도를 높인다.

세 번째 단계는 소비자, 소매 및 외식(Consumer, Retail, and Out-of-home)이다. 소비자는 제품 라벨에 표기된 정보나 맞춤형 영양 추천 시스템을 통해 건강하고 지속 가능한 식품을 선택할 수 있다. 유통 기한이 임박한 제품을 소비자에게 매칭하는 것 또한 식품 낭비를 방지하는 방법이다. 이 소비 선택은 다시 생산자에게 수요 기반 데이터를 환류시키는 구조를 형성하며, 전체 시스템은 데이터 흐름을 중심으로 순환된다. 단, 알고리즘의 책임과 투명성에 대한 윤리적 고려가 필요하다.

스마트 농업

스마트 농업은 IoT, 클라우드, 빅데이터, AI 등의 첨단 기술을 활용해 농업 전 과정에 대한 생태계를 효율적으로 구축한다. 증가하는 세계 인구를 먹여 살리면서도 환경에 미치는 악영향을 줄이고 효율성을 극대화하기 위해, 농작물 수확량 증대, 운영 비용 절감, 공급망 전반의 조율·개선을 추구한다.

AI는 작물 관리와 모니터링 분야에서 농민에게 실시간으로 정밀한 생육 정보를 제공한다. 위성 이미지, 드론, 센서 데이터를 통합 분석해 작물의 건강 상태, 병해 감염, 수분 부족, 해충 침입 등 위험 요인을 조기에 감지할 수 있으며, 이를 통해 피해를 최소화하고 생산성과 품질을 동시에 확보할 수 있다.

데이터 기반 의사 결정 지원 시스템(DSS)은 기후 예보, 과거 수확 정보, 토양 상태 등의 다양한 데이터를 통합해 농민이 합리적인 경작 전략을 수립할 수 있도록 돕는다. 머신러닝 알고리즘은 작물 수확량 예측, 최적 파종 시기 결정, 질병 발생 예측 등 복합적 변수 간의 패턴을 분석함으로써 예측 정확도를 높인다. 예를 들어, Microsoft와 국제 반건조 열대작물 연구소(ICRISAT)의 협력은 AI 분석을 통해 농민에게 최적의 파종 시점을 제안해 수확량을 30~40% 상향하는 성과를 보였다.

AI는 자동화 및 로봇 공학의 핵심 기술로 농업의 노동 집약성을 줄이고 작업 효율을 극대화한다. 자율주행 농기계, 로봇 제초기, 드론 살포 시스템 등은 반복적이고 정밀한 작업을 자동으로 수행해 노동력 부족 문제를 완화하고 생산 비용을 절감한다. 특히 자동화된 제초 시스템은 불필요한 제초제 사용을 줄이고, 특정 잡초나 해충만을 정확히 목표로 해 생태계에 미치는 영향을 최소화한다.

AI는 글로벌 식량 안보에도 실질적인 관여를 하고 있다. 2050년까지 세계 인구는 약 100억 명에 이를 것으로 전망되며, 이에 따라 식량 생산량은 최소 70% 이상 증가해야 한다. AI 기반 정밀 농업은 제한된 자원 속에서도 고효율 생산을 가능하게 해, 미래 세대의 식량 수요를 충족시키는 핵심 기술로 작용한다(Adewusi et al., 2024).

책임 있는 혁신 프레임워크

농업 DSS는 위성, 드론, IoT 센서 등에서 수집된 데이터를 AI와 머신러닝 기술로 분석해 농민에게 정밀한 영농 전략을 제안하는 통합 기술 플랫폼이다. 작물 수확량 예측, 병해충 감지, 비료 최적화, 기후 변화 대응 등 다양한 농업 활동의 자동화와 최적화를 지원하며 디지털 트윈, 엣지 컴퓨팅, XAI 등 최신 기술을 결합해 실시간 대응력을 강화한다.

그러나 DSS의 확산은 알고리즘 투명성, 데이터 주권, 디지털 접근성 등과 같은 사회적 과제와 직면하며, 이를 해결하기 위해서는 강력한 정책 프레임워크와 농민 참여 기반의 책임 있는 혁신이 병행되어야 한다(Gardezi et al., 2022).

'책임 있는 혁신(Responsible Innovation, RI)'은 포괄성, 예측, 성찰, 반응성의 네 가지 구성 요소를 중심으로, 기술이 사회적 요구와 윤리적 기준에 부합하도록 유도하는 설계 원칙이다. 기술 도입이 공동의 협의와 설계 과정을 포함하는 집합적 실천이어야 함을 강조한다.

포괄성(Inclusiveness)은 농민, 기술 기업, 정책 입안자, 시민 단체 등 다양한 이해관계자의 참여를 보장해 기술이 실제 현장의 요구를 반영할 수 있도록 한다. 예측(Anticipation)은 기술 도입 전후에 발생할 수 있는 긍정적·부정적 결과를 사전에 고려하고, 불확실성에 대비한 시나리오 사고를 포함한다. 성찰(Reflexivity)은 기술 적용 후 예상치 못한 부작용이나 편향이 드러날 경우, 그 방향을 유연하게 수정할 수 있는 자각과 조정 능력을 의미한다. 반응성(Responsiveness)은 사회적 요구나 환경 변화가 발생했을 때, 기술 설계와 정책 방향을 능동적으로 조정할 수 있는 역량을 뜻한다.

RI 원칙을 현장에서 실천하는 데에는 리빙랩(Living Lab) 접근이 효과적이다. 리빙랩은 사용자가 직접 기술 실험과 피드백에 참여함으로써 DSS와 같은 농업 AI 기술에 대한 신뢰와 수용성을 높이는 구조를 제공한다. 공동 설계에 기반한 이 모델은 기술의 사회적 정당성을 강화하고, 광범위한 환경 · 생태적 과제를 해결할 수 있다(Karunathilake et al., 2023).

농업 4.0의 도전 과제

농업 데이터 관리는 품질 저하, 표준화 부재, 소유권 갈등, 기술 격차 등 복합적인 문제를 안고 있다. AI 기반 정밀 농업은 작물, 토양, 기상 등 이질적인 데이터를 통합해야 하지만 데이터의 정확성 부족과 통합 처리의 한계는 예측 모델의 신뢰도를 저해한다. 여기에 프라이버시 보호 문제, 공정한 데이터 공유 메커니즘의 부재, 기술기업의 독점적 영향력 확대 등은 농민의 권리와 식량 주권에 대한 우려로 이어진다. 특히 디지털 리터러시의 격차와 낮은 연결성은 소규모 농민의 참여를 구조적으로 제한하고 있다(Gardezi et al., 2022).

기술 접근성과 디지털 격차는 농업 4.0의 확산을 가로막는 또 다른 핵심 과제다. 고가 장비, 복잡한 시스템 구조, 농촌 지역의 낮은 인터넷 인프라는 특히 소규모 농가에 큰 장벽으로 작용한다. 기술 불균형은 농업 내 사회적 · 경제적 격차를 심화시킬 수 있다.

농업 자동화는 노동력을 대체하면서 고용 구조를 재편하고 농민의 역할을 생산자에서 '알고리즘 관리자'로 변경한다. 이는 기술에 대한 불안감을 증폭시키고, 세대 간 지식 체계의 충돌을 유발한다. 더불어, 알고리즘의 불투명성과 책임 소재의 불분명함은 기술 신뢰성 확보에 있어 장애 요소로 작용한다(Karunathilake et al., 2023).

참고문헌

Adewusi, A. O. et al.(2024). AI in precision agriculture: A review of technologies for sustainable farming practices. *World Journal of Advanced Research and Reviews, 21*(1), pp.2276~2285.

Gardezi, M. et al.(2022). In pursuit of responsible innovation for precision agriculture technologies. *Journal of Responsible Innovation, 9*(2), pp.224~247.

Karunathilake, E. M. B. M. et al.(2023). The path to smart farming: Innovations and opportunities in precision agriculture. *Agriculture, 13*(8), p.1593.

Marvin, H. J. et al.(2022). Digitalisation and artificial intelligence for sustainable food systems. *Trends in Food Science & Technology, 120*, pp.344~348.

03
생명의 설정값

인류는 오래 사는 것뿐만 아니라, 아프지 않고 건강하게 사는 방법에 대해 늘 고민해 왔다. 그 결과, 기술의 도움으로 더 오래, 더 건강하게 살 수 있는 시대가 열렸다. 그러나 어느 지점에서 만족할 것인지는 여전히 인간이 스스로 결정해야 한다. 인간은 기술이 주는 무한한 가능성 속에서 스스로 삶에 의미를 부여하고, 어디까지 기술을 받아들일지 결정하는 존재다.

인공지능과 편향?

건강한 수명 연장

AI를 활용한 바이오마커 기술은 건강 수명 연장의 다양한 분야에서 핵심적인 역할을 한다. 첫째, 이 기술은 유전자 정보, 혈액 데이터, MRI 사진처럼 복잡한 몸속 데이터를 분석해, 사람이 알아내기 어려운 질병의 숨겨진 신호를 찾아낸다. 이를 통해 의사들은 질병을 더 빨리 진단하거나, 앞으로의 경과를 정확하게 예측할 수 있다. 특히 몸에 부담을 주지 않는 비침습적인 방법으로도 질병의 징후를 찾아내는 것이 가능해졌다.

둘째, AI는 다양한 생물학적 지표를 통합해 생체 나이를 추정하는 노화 시계(aging clock) 모델 개발을 가능하게 한다. 혈액 생화학 데이터 등을 기반으로 건강 상태와 생존 가능성을 정량화하고, 시간에 따른 신체 노화의 경과를 정밀하게 측정할 수 있다. 노화 인과 관계를 분석하고 위험 요소를 예측하는 고도화된 바이오마커 모델 또한 확장되고 있다.

셋째, 신약 개발 분야에서 AI는 약물 후보 물질 도출, 분자 구조 설계, 약효 예측 등의 단계에서 속도와 정밀성을 동시에 추구하고 있다. 특히 생성적 적대 신경망(Generative Adversarial Nets, GAN)과 강화 학습 알고리즘은 노화 관련 치료제 탐색에 효과적으로 활용되며,

세놀리틱 화합물 발굴 등 노화 표적 치료 개발을 가속하고 있다. 이는 노화 질환 대응을 위한 치료 전략의 기반이 된다.

넷째, AI 기반 바이오마커는 유전체 정보와 생활 습관 데이터를 통합 분석해 개별 환자에게 최적화된 맞춤형 치료 방안을 설계하는 데 활용된다. 이는 약물 반응성과 효과를 사전에 예측함으로써 약물 개발의 효율성과 임상 치료 성과를 동시에 발전시킨다. 노화 방지 약물과 건강 위험 요소 간의 정밀한 상호 작용 분석도 가능해진다.

다섯째, AI는 임상 환경에서 질병 예측, 치료 계획 수립, 환자 모니터링 등 의료 의사 결정 전반을 지원한다. 이를 통해 의료 자원의 효율적 운용, 병원 재입원율 감소, 진단 오류 감소 등의 효과가 기대되며, 정밀한 환자 맞춤 치료의 실현이 가능해진다. 실시간 임상 지원 시스템은 의료 서비스의 품질과 접근성을 동시에 개선하는 역할을 한다.

여섯째, AI는 재생 의학과 유전자 치료 분야에서 줄기세포 분화 제어, 유전자 편집 정확도 향상, 치료 전략 설계 등에 활용된다. 미토콘드리아 유전자 치료, 텔로머라아제 기반 노화 조절 기술 등 차세대 생명 연장 기술의 실현 가능성도 커지고 있으며, 맞춤형 재생 치료 프로토콜 설계는 AI 기반 모델의 주요 응용 분야로 부상하고 있다(Lyu et al., 2024).

AI와 생명공학의 융합

AI는 생명공학 제조 전반에 걸쳐 효율성과 정확성을 높이며 생산성과 지속 가능성을 강화하는 핵심 기술로 작용하고 있다. 생산 공정에서는 AI가 반응기 온도, 유량 등 주요 변수를 자동 조절함으로써 실시간 최적화를 구현하고, 머신러닝 기반 분석을 통해 장비 고장을 사전에 예측해 유지보수 비용을 절감한다. 품질 관리 측면에서는 시각 검사와 감지 센서를 활용해 제품의 일관성과 안전성을 보장하며 배치 간 변동성을 최소화한다.

공급망 관리 분야에서도 AI는 재고 수준, 수요 패턴, 운송 일정 등을 예측하고 최적화해 생산 지연과 비용 낭비를 줄이고, 물류 효율성을 높인다. 신약 개발에서는 유전체, 단백질 상호 작용, 생물학적 데이터 등을 통합 분석해 약물 후보 물질의 효능과 안전성을 사전에 예측하며, 임상 시험을 설계하고 맞춤형 약물을 개발한다. AI는 환자의 유전체 정보와 병력에 기반해 복용량과 약물 반응성을 조정하는 정밀 의료 전략을 설계하는 데도 활용된다.

AI는 CRISPR 기반 유전자 편집의 정확도를 높이고, 세포 배양 조건과 생물학적 생산 공정을 최적화하며, 식물 조직 배양이나 백신 제조 과정에서도 시뮬레이션 기반 개선을 이끌고 있다. 농업 및 산림 생명공학 분야에서는 드론과 위성 데이터를 분석해 작물 생장, 토양 상태, 병해충 확산을 예측하고, 자원 활용과 생태계 관리를 정밀하게 조정한다. 생물정보학에서는 오믹스 기반 분석을 통해 미생물 기반 제품 설계, 유전자형 개량 등에 이바지하며, 의료 영상 분석과 재생 의학 영역에서는 조직 분화 제어, 질병 조기 진단, 치료 프로토콜 설계 등에서 AI가 중추적 역할을 하고 있다(Mehta et al., 2024).

의료 인터페이스

헬스 인포매틱스(Health Informatics)는 의료 데이터와 정보 기술을 통합해 환자 치료, 임상 연구, 행정 운영의 효율성과 질을 높이는 학제 간 융합 분야다. 전자의무기록(EHR), 원격 의료, 모바일 헬스, 임상정보시스템 등이 포함되며, 의료진에게 신속하고 정확한 정보를 제공해 진단과 치료 결정을 지원한다. 동시에 환자의 자가 관리와 건강 참여를 촉진해 인구 건강 증진에도 도움을 준다.

최근에는 AI, 머신러닝, 자연어 처리(NLP) 기술이 이 분야에 통합되며 진단 정확도 향상, 맞춤형 치료 설계, 실시간 환자 모니터링, 행정 자동화, 신약 개발 지원 등 다양한 응용 가능성을 실현하고 있다. 향후 발전은 고품질 데이터 확보, 개인 정보 보호, 설명 가능성 확보, 윤리적 기준 수립, 시스템 통합 등의 과제를 해결하는 데 달려 있다(Mullankandy et al., 2024).

인간의 뇌파와 컴퓨터를 연결해 양방향의 상호 작용을 가능하게 하는 뇌-컴퓨터 인터페이스(Brain-Computer Interface, BCI)는 AI와 생명공학의 접점에서 빠르게 진화하고 있다. 뇌 신호를 분석해 외부 기기나 시스템을 제어하거나, 반대로 정보를 뇌로 전달하는 기능을 지니며, 초기에는 주로 운동 신경 질환 환자의 재활과 보조 장치 제어에 활용되었다. 최근에는 Neuralink와 같은 기업이 침습형 BCI 기술을 통해 실험동물이 컴퓨터를 제어하거나 두 사람 간 뇌 신호를 전달하는 실험을 성공시키며, 인지력 향상, 군사 응용, 인간-기계 통합 등 미래 활용 가능성을 확장하고 있다. 그러나 보안 위협, 악의적 사용, 설계 단계에서의 보안 취약성 등 다양한 위험 요인이 병존하며, 이를 통제하기 위한 기술적 대비와 규제 체계 마련이 필수적이다(O'Brien & Nelson, 2020).

AI 신뢰성 확보

생명공학 분야에서 AI 시스템의 신뢰성을 확보하기 위해서는 데이터 품질 확보, 설명 가능성 강화, 윤리적 · 규제적 정합성 확보라는 세 가지 핵심 요소가 작용한다. 첫째, 데이터 품질과 재현성은 AI 모델의 신뢰성을 좌우하는 기반으로 작용한다. 이를 위해서는 연구 목적에 적합한 고품질 데이터를 확보하는 것뿐만 아니라, 데이터의 출처와 처리 흐름을 기계가 판독할 수 있도록 체계적으로 문서화하는 작업이 필요하다. 생명공학 분야에서는 이러한 데이터 계보(provenance)를 관리함으로써 결과의 추적 가능성을 높이고, 동시에 규제 요건에 부합하는 신뢰 기반을 확보할 수 있다.

둘째, 설명 가능성(Explainability)은 AI 시스템의 판단 과정이 어떻게 이루어졌는지를 이해할 수 있도록 하는 신뢰 형성의 필수 조건이다. 이를 위해 모델 구조와 학습 과정을 명확히 문서화하고, 해석 가능한 모델을 채택하거나 결과와 추론 과정을 시각화하는 기술이 요구된다. 특히 생명공학적 맥락에서는 체외 진단 기기 규정(IVDR)과 같은 규제 기준에 따라 데이터의 투명성과 검증 가능성이 설명 가능성과 직접 연결된다.

셋째, 윤리적 · 규제적 정합성 확보는 AI 시스템이 공정하고 책임감 있게 설계되도록 보장하는 조건이다. 알고리즘의 편향, 차별, 정보 보안 등의 위험을 사전에 방지하고, 사용자와 사회가 신뢰할 수 있는 기술 생태계를 조성하는 것이 핵심이다. 생명공학 분야에서 AI의 확산을 뒷받침하기 위해서는 효과적인 거버넌스 체계, 윤리 가이드라인, 위험 기반의 규제 프레임워크가 함께 마련되어야 한다(Holzinger et al., 2023).

참고문헌

Holzinger, A. et al.(2023). AI for life: Trends in artificial intelligence for biotechnology. *New biotechnology, 74*, pp.16~24.

Lyu, Y. X. et al.(2024). Longevity biotechnology: bridging AI, biomarkers, geroscience and clinical applications for healthy longevity. *Aging (Albany NY), 16*(20), p.12955.

Mehta, A. et al.(2024). Advancements in manufacturing technology for the biotechnology industry: The role of artificial intelligence and emerging trends. *International Journal of Chemistry, Mathematics and Physics, 8*(2), pp.12~18.

Mullankandy, S. et al.(2024). Emerging trends in ai-driven health tech: a comprehensive review and future prospects. *European Journal of Technology, 8*(2), pp.25~40.

O'Brien, J. T. & Nelson, C.(2020). Assessing the risks posed by the convergence of artificial intelligence and biotechnology.

Health Security, 18(3), pp.219~227.

04
정의의 코드

법은 본질적으로 해석을 전제로 작동한다. 리걸 마인드는 사회의 가치, 윤리, 상황 등을 종합적으로 고려해 가장 합리적인 결론을 내린다. 반면 알고리즘은 입력된 조건에 따라 정해진 결과를 도출한다. 그러나 정의는 결코 하나의 정답으로 고정된 것이 아니다. 구체적 맥락 속에서 재해석되고, 사회 변화에 따라 확장되기도 하는 역동적인 과정이다.

청각장애인과 AI?

법률공학

법률공학은 법률을 코드로 만드는 일이다. 이 분야는 특히 스마트 계약처럼 법적 효력이 있는 계약을 만들기 위해 프로그래머와 변호사가 함께 협력하는 것을 의미한다.

핵심 방법 중 하나는 리카르디안 계약(ricardian contract)이다. 이 계약은 전문적인 법률 언어 조항과 코드로 작성된 조항을 통합하는 방식으로, 법률공학자는 블록체인이나 전자 서명 같은 고급 기술을 활용해 이 두 가지 언어가 함께 작동하도록 만든다. 이 과정에서 토큰의 종류에 대한 기본적인 지식 또한 필수적이다(Szostek, D., 2021).

법률 기술은 법률 전문가의 업무를 더 쉽고, 빠르고, 효율적으로 만들며 서비스 품질을 크게 향상시킬 수 있다. 특히 실사(due diligence)나 규정 준수 조사와 같이 대량의 데이터를 검토해야 하는 법률 업무에 LegalTech 솔루션을 도입하면 장기적으로 더 효율적이고 비용도 합리적이다.

법률 서비스 접근

시민이 법률 문제에 직면했을 때, 정당한 권리를 보장받기 위한 법률 서비스에 실제로 접근하지 못하는 사법접근성 격차(access-to-justice gap)가 심각한 사회 문제다. 비용 부담, 정보 부족, 복잡한 절차, 법률 문해력 부족 등 여러 구조적 장벽으로 인해 발생한다. 특히 민사 법률 영역에서 주거, 노동, 소비자, 가족 같은 중요한 문제들이 법적 도움 없이 방치되는 경우가 많다. 이는 결국 법률 시스템은 존재하지만 시민은 그 혜택을 받지 못하는 틈을 심화시키며, 법의 보편성과 공공성을 위협한다.

이러한 현실은 미국의 사례에서 특히 두드러진다. 법률서비스공사(LSC) 조사에 따르면, 저소득층 미국인의 92%가 중요한 민사 법률 문제에 관해 적절한 도움을 받지 못하는 것으로 나타났다. 기존의 프로 보노 지원이나 비영리 법률 구조 시스템은 수요에 비해 공급이 턱없이 부족하다. 이러한 현실은 변호사 면허 제도, 법률 비용 구조, 규제 환경 등 제도적 요인이 복합적으로 얽힌 결과다. 이에 미국변호사협회(ABA)를 비롯한 주요 기관들은 이러한 문제를 해결하기 위해 법률 기술 도입과 규제 개혁의 필요성을 계속해서 제기하고 있다.

이처럼 사법접근성 격차가 심화하면서, 법률 기술(Legal Technology)이 법의 장벽을 낮추고 정의를 실현하는 유력한 수단으로 떠오른다. 디지털 기술은 법률 정보를 대중화하고, 자동화된 문서 작성, 온라인 상담 등을 통해 법률 비용과 절차의 복잡성을 효과적으로 줄인다. 예를 들어, DoNotPay 챗봇은 교통 위반 항소를 대신 처리해 주고, LegalZoom 같은 플랫폼은 유언장이나 계약서 같은 법률 문서를 저렴하게 제공한다. 결국 기술은 법률 문제 해결을 더 효율적이고 일상적인 방식으로 바꾸어, 기존의 높은 진입 장벽 때문에 법률 서비스를 활용하지 못했던 시민들에게 실질적인 대안을 제시한다.

자동화된 정의

자동화된 판결의 원리는 간단하다. 머신러닝 알고리즘에게 법률과 과거 판례를 학습시켜, 유무죄를 가늠하는 데 가장 중요한 요인들을 AI가 스스로 찾아내도록 만드는 것이다. 새로운 사건이 법원에 접수되면 사건의 증거 파일은 AI가 분석할 수 있는 데이터로 변환되고, 시스템은 이를 분석해 판결을 내리게 된다.

기존 사법 체계의 비효율성과 법률 서비스 접근성 문제를 기술로 해결하려는 디지털 전환 흐름은 법률 정보 처리, 행정 절차 자동화 등 다양한 형태로 구현되고 있다. 나아가 범죄 예측, 소송 결과 분석, 재범 위험 평가 등 사법 영역 전반에 걸쳐 점차 도입되는 추세다. 반복적이고 규칙 기반의 법률 업무를 자동화하면 사법 자원을 효율적으로 쓰고 절차를 빠르게 진행할 수 있다는 기대가 커지고 있다.

자동화 기술의 구현 방식은 크게 두 가지로 나눌 수 있다. 첫째, 코드 중심 규제(Code-based regulation) 방식이다. 이 방식은 'if-this-then-that' 구조의 명확한 규칙을 기반으로, 미리 정해진 조건에 따라 법적 처분을 자동으로 실행한다. 따라서 세금 계산이나 벌금 부과처럼 명확한 법적 기준이 존재하는 영역에 적합하다.

둘째, 데이터 중심 규제(Data-driven regulation) 방식이다. 이 모델은 AI와 머신러닝이 방대한 판례, 법령, 사건 데이터를 학습해 스스로 예측과 판단을 수행한다. 인간 전문가의 규칙 입력 없이 알고리즘이 패턴을 도출하며, 재범 위험 평가, 보석금 책정, 소송 결과 예측 등 복잡한 영역에서 폭넓게 활용되고 있다(Završnik, 2021).

스마트 법원

스마트 법원(Smart Court)이 활용이 전 세계적으로 확대되고 있으며, 특히 중국이 AI 기반 사법 시스템 도입을 주도하는 국가 중 하나다. 2022년, 중국 최고인민법원은 사건 분석, 문서 초안 작성, 유사 판례 검색 등을 자동화하는 스마트 법원 SoS 시스템을 구축했다. 이 시스템은 하루 평균 10만 건 이상의 사건을 분석하며, 판사 업무 부담을 3분의 1 이상 경감시키고 17억 시간 이상의 근무 시간을 절감하는 등 행정적 효율성과 재정 절감이라는 성과를 동시에 실현했다.

인도, 독일, 포르투갈, 싱가포르 등 전 세계 여러 국가도 자국 사법 체계에 스마트 법원을 도입하고 있다. 인도는 교통 법규 위반과 같은 경미한 사건을 처리하기 위해 가상 법원 시스템을 운영한다. 독일은 대량의 민사 청구 사건에서 AI를 활용해 데이터 분석과 판결문 작성을 돕는다. 포르투갈은 GPT 기반의 가상 법률 비서로 시민들이 법률 정보를 쉽게 검색하도록 돕는 실험을 진행한다. 싱가포르는 생성형 AI를 이혼 사건에 적용해 사법 접근성을 높이고 절차를 간소화하고 있다.

러시아는 온라인 사법(Online Justice) 체계를 구축해 AI 기술의 적용 범위를 더욱 확대하고 있다. 이 시스템은 판결문 초안 작성, 회의록 해독, 선례 검색 등을 자동화하며, 민사 및 행정 사건 처리에 약한 AI(Weak AI) 기술을 적극적으로 활용할 계획이다. 특히 러시아 사법 당국은 당사자 간의 법적 해석보다는 문서 기반의 사실 확인을 중시하는 사건에 AI가 더 적합하다고 보고 있다

(Elena & Viktor, 2024).

스마트 계약

스마트 계약(smart contract)은 미리 정의된 조건이 충족되면 자동으로 법률적, 절차적 또는 사실적 행위를 실행하는 알고리즘 코드다. 거래와 관련된 자동화된 의사 결정(ADM)을 구현할 수 있다. 항공 지연 보험, 에너지 분야의 주문 및 계약 관리, 저작권료 분배 등 다양한 분야에서 활용된다.

렉스 크립토그라피아(Lex Cryptographia)는 스마트 계약과 동의어처럼 사용되며, 블록체인에 기록된 스마트 계약 코드가 그 핵심이다. 이 개념은 탈중앙화된 블록체인 기술이 발전하면서 함께 떠올랐다. 로렌스 레식과 J. 라이덴버그 같은 학자들이 법과 알고리즘 코드를 연결하는 아이디어를 처음으로 제시했다. 과거에는 미래 지향적이라고 여겨졌으나 오늘날에는 민법뿐만 아니라, 입법 과정이나 법률의 코드로의 통합 같은 정부 프로젝트에서도 현실이 되고 있다.

스마트 계약의 자동화된 의사 결정 과정은 유럽 연합(EU)의 법률인 GDPR(General Data Protection Regulation) 제22조(자동화된 의사 결정)의 적용을 받을 수 있으며, 이는 스마트 계약 설계 시 고려해야 할 중요한 법적 문제다(Szostek, 2021).

규제 설계

AI는 규제 준수(compliance) 모니터링 및 보고를 자동화해 기업의 법적 부담을 줄인다. 일부 국가에서는 규제 샌드박스(regulatory sandbox)를 통해 실험적 기술을 제한적으로 허용하고, 이 과정에서 데이터 기반의 위험 평가를 수행한다. 예를 들어 세금 법규를 해석하고, 과세 항목을 분류하는 택스테크(Taxtech) 시스템은 복잡한 규정을 정확하게 따를 수 있다.

이처럼 AI는 규제와 법률 영역에서 다양한 방식으로 활용되고 있으나, 기술적 효율성만으로는 충분하지 않다. 공정성과 신뢰성을 확보하기 위해 적대적 머신러닝(agonistic machine learning) 모델과 같은 방식을 활용해 알고리즘 개발 과정에 다양한 이해당사자의 의견을 반영해야 한다. 또한 XAI, 투명한 데이터 처리, 책임 소재의 명확화는 반드시 필요한 핵심 정책 요소다(Završnik, 2021).

법률 기술은 인간의 사법적 감수성을 대체하는 수단이 되어서는 안 된다. 기술의 가능성과 한계를 동시에 고려한 보완적 정의로 설계되어야 하며, 인간 중심의 판단이 개입되는 책임 있는 기술이어야 한다.

참고문헌

Elena, B. & Viktor, K.(2024). Technologies versus justice: Challenges of AI regulation in the judicial system. *Legal Issues in the Digital Age, 5*(2), pp.113~126.

Simshaw, D.(2025). Toward national regulation of legal technology: A path forward for access to justice. *Russian Journal of Economics & Law, 19*, p.345.

Szostek, D.(2021). The Concept of Legal Technology (LegalTech) and Legal Engineering. *In Legal Tech*, pp.19~28. Nomos Verlagsgesellschaft mbH & Co. KG.

Završnik, A.(2021). Algorithmic justice: Algorithms and big data in criminal justice settings. *European Journal of Criminology, 18*(5), pp.623~642.

05
가능성의 측정

“결국 살아남는 것은 가장 강하거나 가장 똑똑한 존재가 아니라, 변화에 가장 잘 적응하는 존재다.” AI 기술은 개인의 맞춤형 학습을 지원해 구성원들의 역량을 강화한다. 조직은 데이터를 기반으로 인력 수요, 성과, 이직 가능성 등을 예측해 인재 개발 전략을 더욱 정교하게 설계할 수 있다. 미래의 경쟁력은 기술을 활용한 인간의 대응 능력에서 비롯된다.

AI 콘텐츠 크리에이터?

인공지능과 인재 전략

전통적인 인력 계획은 주로 과거 데이터, 직관, 그리고 사후 대응적인 의사 결정에 의존한다. 이러한 방식은 연례 성과 검토나 문제 발생 후 채용 결정에 초점을 맞추기 때문에, 빠르게 변화하는 비즈니스 환경에 제대로 대응하지 못한다. 결국 조직은 기술 격차, 높은 이직률, 비효율적인 자원 배분 같은 심각한 문제에 직면하게 되고, 이는 시장에서 경쟁하는 능력을 떨어뜨린다.

초기에는 강사 주도 교육 대신 컴퓨터 기반 훈련 시스템(CBT)이 도입되었다. 1990년대에는 인터넷이 등장하며 이러닝(e-learning)이 더욱 유연하고 편리한 학습 환경을 만들었다. 2000년대 초반에는 웹 2.0 기술로 소셜 학습 플랫폼과 온라인 커뮤니티가 확산했다. 최근에는 모바일 학습과 가상현실(VR), 증강 현실(AR) 같은 몰입형 기술이 등장해 개인화된 학습 경험을 제공한다.

AI 시스템은 직원의 성과 이력, 참여도 조사, 채용 흐름, 산업 동향 등 다양한 데이터를 통합하고 분석한다. 예측 모델의 가장 큰 강점은 전략적 의사 결정의 자동화 가능성이다. 예를 들어, 특정 부서의 이직률이 급증할 것으로 분석되면 AI는 해당 인력에게 맞춤형 유지 전략을 자동 제안할 수 있다. 반대로 신규 사업 추진에 따라 9

개월 이내 소프트웨어 엔지니어 수요가 급증할 것으로 예측될 경우, 채용 채널별 ROI 분석을 통해 최적의 후보자 풀을 추천할 수 있다. 또한 역량 격차 분석(skill gap analysis)을 통해 현재 인력이 향후 직무 요건을 충족할 수 있을지를 사전 점검하고 필요한 재교육 경로를 제안함으로써 조직의 변화 대응력을 높일 수 있다.

예측 기반 인재 관리는 다양성, 형평성 및 포용성(Diversity, equity, and inclusion, DEI) 또한 포괄하고자 한다. AI는 채용 공고 내 언어 편향을 감지하거나, 특정 집단의 지원율 · 채용률 · 승진율 간의 불균형을 식별함으로써 조직 내 차별 구조를 가시화할 수 있다. 예측 알고리즘은 경력 성장에 불리한 조건에 놓인 인력을 조기에 파악하고, 그들을 위한 맞춤형 지원 프로그램 설계에 필요한 인사이트를 제공한다(Inaganti et al., 2021).

AIEd 발전사

AIEd(Artificial Intelligence in Education)는 교육 및 학습 문제 해결을 위해 다양한 방식으로 AI 기술을 활용한다. 초기 역사는 휴리스틱 개념, 즉 문제 해결의 효율적인 방법을 컴퓨터에 적용하려는 시도에서 시작되었다. 1940년대 폴리아는 문제 해결의 절차적 접근을 제시했고, 1950년대 뉴웰과 사이먼은 인간처럼 문제를 해결하는 일반 문제 해결사(The General Problem Solver, GPS)를 개발했다. 이러한 흐름은 인간의 두뇌를 정보처리기로 보는 인지 과학과 결합해, 이후 AIEd 시스템 설계에 결정적인 영향을 미쳤다(Holmes & Tuomi, 2022).

AIEd는 AI와 학습자 간의 관계 변화에 따라 세 가지 주요 패러다임으로 진화했다. 첫째, AI 주도형(AI-directed) 접근은 학습자를 AI가 설계한 경로를 따르는 수동적인 존재로 간주한다. 이는 행동주의 학습 이론에 기반하며, 미리 정의된 개념을 순차적으로 제시하고 반복을 통해 학습을 유도한다. 초창기 지능형 튜터링 시스템(Intelligent Tutoring Systems, ITS)이 대표적인 예다. 이 시스템은 논리적 지식 구조를 중심으로 학습자를 평가하고, 즉각적인 피드백과 강화 자극을 제공했다.

둘째, AI 지원형(AI-supported) 접근은 AI를 학습 과정의 협력자(co-facilitator)로 본다. 이 방식은 학습을 인간과 기계 간의 상호 작용에서 만들어지는 것으로 이해하며, 인지적 구성주의와 사회문화적 구성주의에 이론적 바탕을 둔다. AI는 학습자의 실시간 데이터를 수집 · 분석해 맞춤형 피드백을 제공하고, 학습자는 시스템과의 상호 작용을 통해 사고 과정을 반성하고 조정한다. 탐색적 학습 환경(Exploratory Learning Environment, ELE)이나 대화형 튜터링 시스템(Dialogue-Based Tutoring Systems, DBTS)이 대표 사례이며, 베이지안 네트워크, 마르코프 결정 과정, 자연어 처리(NLP) 등이 주요 기술로 활용된다.

셋째, AI 역량 강화형(AI-empowered) 접근은 학습자를 자기 주도적 리더로 본다. 이 패러다임에서 AI는 인간의 지능을 키워주는 보조자(augmenter) 역할을 한다. 이 접근은 연결주의와 복합 적응 시스템을 기반으로 하며, 인간과 기술, 정보가 상호 작용하는 학습 생태계를 이룬다. 따라서 해석할 수 있고 투명한 AI 시스템을 만드는 것이 필수적이다. 학습자가 스스로 자신의 학습 경로를 정하면, AI가 실시간으로 적응해 지원하는 방식이다. 머신러닝, 딥러닝, 뇌-컴퓨터 인터페이스(BCI) 등의 첨단 기술이 활용되며, 설계 단계부터 다양성, 포용성, 윤리적 정당성을 통합적으로 고려해야 한다(Ouyang & Jiao, 2021).

초기에는 효율성과 통제 중심의 설계가 주류였으나, 현재는 인간의 인지적 복잡성을 반영하는 맞춤형 설계로 중심축이 이동하고 있다. AIEd의 발전은 교육 목적과 인간 중심 설계의 긴밀한 통합을 요구하는 과정이다. AI가 제공하는 계산 능력, 예측 정확도와 적응성은 분명 강력하지만, 이는 인간의 성찰, 창의성, 비판적 사고와 조화를 이룰 때 교육적 효과를 극대화할 수 있다. 기술은 학습자의 판단력을 대체하기보다 확장하는 방향으로 작동해야 한다.

HRD 핵심 영역

인적 자원 개발(Human Resource Development, HRD)은 조직 내 인력의 역량을 강화하고, 학습 및 성장을 촉진해 궁극적으로 조직 목표 달성에 기여하는 광범위한 분야다. 구성원 개개인의 잠재력을 최대한 발휘하고 조직 전체의 생산성과 경쟁력을 높이기 위한 전략적 접근 방식이다.

인재 개발(Talent Development) 분야에서 AI는 고성과자의 특성을 파악하고, 채용 과정에서의 편향을 줄이며, 후보자와 조직 간의 적합도를 분석하는 데 활용된다. AI 시스템은 개인의 기술 수준, 경력, 조직 문화 적합성을 종합적으로 평가해 맞춤형 개발 경로를 설계한다. 또한, 잠재 인재 식별과 내부 승계 계획에도 적용된다. 이로써 인재 확보와 육성 과정이 자동화되고, 조직 전략과

정렬된 인재 성장 모델의 실현이 가능해진다.

학습 및 개발(Learning & Development) 영역에서는 적응형 학습 플랫폼과 지능형 튜터링 시스템이 핵심적이다. 이 시스템은 학습자의 선호, 속도, 성과 데이터를 실시간으로 분석해 콘텐츠를 개인화하고, 학습 몰입도와 지속성을 높인다. 또한 조직 차원에서는 기술 격차를 분석해 미래 교육 수요를 예측한다. 이는 전략적인 L&D 기획의 정밀도를 높이고, 평생학습 디지털 시스템을 구축한다.

인력 계획(Workforce Planning)에서는 예측 분석과 시나리오 모델링을 통해 미래 인재 수요, 기술 변화에 따른 역량 요구, 지역 · 산업별 노동시장 흐름을 미리 파악할 수 있다. AI는 고위험 이탈 인재를 조기에 식별하고, 내 · 외부 채용 전략을 정교화하며, 효율적인 인력 재배치와 기술 재교육 방향을 설계한다.

성과 관리(Performance Management)는 실시간 피드백 시스템과 예측 분석 도구를 통해 기존의 연례 평가 방식을 대체하고 있다. 정량적 · 정성적 데이터를 통합 분석한 결과를 바탕으로 직원에게 맞춤형 피드백과 성장 기회를 설계하는 체계가 구축된다. 다만 지속적 모니터링은 심리적 부담을 유발하고, 프라이버시 침해 가능성을 내포할 수 있기에, 투명한 알고리즘 구조와 신뢰 기반의 운영 원칙 마련이 병행되어야 한다.

지식 관리(Knowledge Management)에 정보 검색, 문서 요약, 콘텐츠 자동 분류 등을 위한 자동화 도구가 활용된다. 하지만 AI 주도 환경에서는 숙련된 동료에게서 배우는 암묵지 학습(tacit knowledge transfer) 기회가 줄어들 수 있다는 우려도 있다. 따라서 AI 시스템을 도입할 때는 개인의 내재적 역량 개발과 집단 학습을 병행해야 한다. 결국 인간 중심의 상호 작용은 지식을 쌓고 전수하는 데 여전히 가장 중요한 요소다(Ekuma, 2024).

참고문헌

Ekuma, K.(2024). Artificial intelligence and automation in human resource development: A systematic review. Human Resource Development Review, 23(2), pp.199~229.

Holmes, W. & Tuomi, I.(2022). State of the art and practice in AI in education. *European Journal of Education, 57*(4), pp.542~570.

Inaganti, A. C. et al.(2021). AI-augmented workforce planning: Leveraging predictive analytics for talent acquisition and retention. *Artificial Intelligence and Machine Learning Review, 2*(1), pp.10~20.

Ouyang, F. & Jiao, P.(2021). Artificial intelligence in education: The three paradigms. *Computers and Education: Artificial*

Intelligence, 2, p.100020.

06

잠들지 않는 기계

스마트팩토리는 더 이상 멈추지 않는다. 센서와 로봇은 24시간 공정을 감시하고, 자율주행 드론은 밤낮을 가리지 않고 경로를 찾아 이동한다. 기계는 인간의 수면과 무관하게 스스로 생산하며, 무정지 시스템으로 효율성을 극대화하는 데 성공했다. 인간의 역할은 AI로 대체되고 있으며, 그 속도는 다시 새로운 능력을 개발하는 것보다 빠르다.

AI와 민주주의?

Industry 4.0

4차 산업혁명은 제조 산업의 디지털 전환을 가속화하고 새로운 산업 생태계를 구축하기 위한 전략적 패러다임이다. 다음과 같은 방향성을 중심으로 추진된다(Aheleroff et al., 2021).

첫째, 디지털 전환(Digital Transformation, DX)은 제조, 서비스, 운영 전반의 전 산업 프로세스를 데이터 기반으로 재설계한다. 이는 가치사슬(Value Chain)의 효율성을 높이고 전체 생산량을 최대로 늘리는 기반이 된다.

둘째, 인더스트리 4.0의 실질적인 성과 지표는 생산성, 효율성, 품질의 동시 향상으로 공정 자동화와 프로세스 간소화 환경을 조성해 실현된다. 이는 지속 가능한 경쟁우위를 확보하는 데 필수적인 요소이다.

셋째, 갈수록 복잡해지는 생산 환경에서 신속하고 정밀한 의사 결정이 필요하다. 공정에서 발생하는 실시간 정보들을 신뢰할 수 있는 데이터로 선별하고 누적하기 위해 데이터 주도 접근법(Data-Driven Approach)을 활용한다.

넷째, 탈중앙화(Decentralization)는 기존의 중앙 집중형 대량생산 구조에서 네트워크 기반의 유연한 생산 체계로 전환한다. 분산형 생산 시스템 구축을 통해 자원 배분의 최적화와 공급망 관리의 자율성을 높인다.

다섯째, 자동화를 넘어선 지능화를 목표로 한다. 사물인터넷(Internet of Things, IoT), 인공지능(AI), 빅데이터 분석 등의 기술을 활용해 공정 내 요소들을 상호 연결하고, 독립적으로 의사 결정을 수행하며, 최적화된 시스템을 구축한다.

스마트팩토리

4차 산업혁명을 집약한 스마트팩토리를 구현하기 위해 투입되는 기술은 다음과 같다(Leng et al., 2021).

첫째, 사이버 물리 시스템(Cyber Physical Systems, CPS)이다. 이는 센서와 기계 등 물리적 장치에서 수집한 정보를 디지털 신호로 변환해 현실 세계에 실시간 조치를 수행할 수 있도록 설계된다. 이 시스템 내에서의 데이터 처리와 제어 기술을 지능화한 지능형 제어 시스템은 학습기능, 불확실성에 대한 대처, 최적화 지향을 요건으로 자가 판단, 자기 인식, 자가 적응을 가능하게 한다.

둘째, 산업용 사물인터넷(Industrial Internet of Things, IIoT)이다. IIoT는 센서, 액추에이터, 컨트롤러 등을 통해 제조 현장의 정보를 실시간으로 수집하고, 이를 클라우드와 연결해 고정밀 분석과 제어를 가능하게 한다. 이 네트워크를 통해 생산 현황의 실시간 파악과 제어가 이루어진다.

셋째, 디지털 트윈(Digital Twin) 기술이다. 물리적 시스템의 실제 상태를 반영하고 예측하는 실시간 디지털 복제 시스템이다. 이 기술은 실제 시스템의 성능을 모니터링해 개선하는 데에 도움을 주며, 가상 환경의 시뮬레이션과 분석을 통해 데이터 기반의 문제 해결을 할 수 있다.

넷째, 인공지능(AI)과 빅데이터 분석이다. 제조 AI는 공정 스케줄링, 예지 정비, 품질 이상 탐지 등 복잡한 제조 문제를 해결하는 솔루션이다. 디지털 트윈 프레임워크와 머신러닝, 딥러닝의 융합은 피지컬(Physical) AI 개발의 핵심 분야로 제조 현장의 실시간 최적화, 예측 기반 의사 결정과 자율적 공정 제어를 가능하게 한다.

다섯째, 자동화 및 로봇 공학 기술이다. 자율 이동 로봇(Autonomous Mobile Robot, AMR)과 협동 로봇(Collaborative Robot, Cobot)은 작업 환경의 반복적이거나 복잡하거나 위험한 공정을 담당하며, 독립적으로 작업을 수행하는 동시에 인간과의 협업을 통해 생산성을 높인다.

자율주행

자율주행(Autonomous Driving) 기술은 이동성에 발전을 가져왔으며, 협력적 주행까지 가능하게 하는 미래 교통 시스템이다. 핵심 요소는 인지, 의사 결정과 제어로 분류되며, 이는 모두 차량 센서와 통신 데이터에 의해 지원된다(Clavijo et al., 2023).

자율주행 시스템에서 인지 단계는 차량이 주변 환경을 파악하고 경로를 예측해 주행을 결정하게 한다. 동시적 위치 추정 및 지도 작성(Simultaneous Localization and Mapping, SLAM)은 차량의 위치를 지도 안에서 추정하고 주행 환경을 실시간으로 분석한다.

카메라와 라이다(LiDAR)를 함께 활용하는 것은 주변 환경을 더욱 정확하게 인식하도록 한다. 카메라는 차선 인식과 교통 표지판 인식에서 강점을 보이며, 라이다는 3차원 점군 데이터를 제공해 정밀한 객체 탐지와 지도 작성을 한다. 레이더(Radar)는 전파를 발생시켜 악천후 환경에서도 거리와 속도를 안정적으로 측정한다.

의사 결정 단계는 인지 과정을 통해 수집된 정보를 바탕으로 차량의 주행 전략을 수립하고 최적의 행동을 선택하는 과정이다. 경로 최적화, 상황 판단, 충돌 예측, 돌발 상황 대응 등 다양한 주행 관련 의사 결정 과정에서 인공지능 기술이 적극적으로 활용된다.

세부적으로는 경로 계획(path planning), 궤적 예측(trajectory prediction), 행위 중재(behavior arbitration)로 구분된다. 경로 계획은 출발지에서 목적지까지 일어날 수 있는 상황을 고려해 이동 경로를 산출한다. 궤적 예측은 주변 차량 및 객체의 움직임을 과거 패턴으로부터 학습해 미래의 이동성을 추정하는 과정으로, 순환신경망(Recurrent Neural Network, RNN) 등 딥러닝 기술을 사용한다. 행위 중재는 심층 강화 학습을 통해 실제 주행 상황에서 차량이 복잡한 교통 환경에 적절히 대응할 수 있도록 한다.

제어 단계는 인지와 의사 결정 단계에서 도출된 주행 명령을 실제 차량의 물리적 움직임으로 전환하는 과정이다. 즉, 차량의 조향, 가속, 제동 등 액추에이터를 계획된 궤적을 따라 안정적으로 주행하도록 조정하는 역할을 담당한다.

인간 중심 스마트 제조

인간 중심 제조를 지향하며 로봇과 협력하면서 인간의 지식과 능력을 강화하는 기술 활용이 강조된다. 이 과정에서 인간은 시스템 내 의사 결정과 학습 과정에 적극적으로 참여하는 핵심 요소가 된다(Bhattacharya et al., 2023).

사이버 물리 시스템(CPS)과 같이 완전 자동화가 어려운 작업 환경에서는 인간과 기계 간의 협력이 계속되어야 하며, 이를 위해 인간 행동을 신뢰성 있게 감지, 분류, 예측할 수 있는 모델과 제어 아키텍처에 통합하는 기술이 요구된다. 물리 계층에서는 센서를 통해 인간 행동을 감지하고 로컬 의사 결정을 수행한다. 사이버 계층에서는 수집된 데이터를 분석하고 시각화해 인간이 쉽게 이해하고 판단할 수 있도록 돕는다. 제어 계층에서는 인간과 사이버 계층에서 만들어진 의사 결정을 실제 장비로 전달하며, 데이터 시각화는 인간의 인지 과정을 지원한다.

디지털 트윈은 실제 시스템을 가상으로 재현하고 시뮬레이션과 AI 분석을 통해 의사 결정을 지원하며, 인간은 디지털 트윈을 통해 시스템 데이터를 모니터링하고 분석하며 최적화 과정에 참여한다. 또한 인간-기계 인터페이스(Human Machine Interface, HMI)를 통해 음성, 제스처, 증강 현실과 같은 방식으로 CPS와 상호 작용을 하며 인간 중심 제조를 구현한다.

인간의 판단과 기계학습 모델이 결합할 때 데이터 편

향이나 정확도 문제를 최소화하는 것이 중요하며, 이를 위해 충분한 데이터와 적절한 모델링이 필요하다. 이는 작업 환경과 문제 상황에 대한 이해에 의존한다. 특히 인간과 AI가 서로 보완하며 학습과 의사 결정을 수행하는 하이브리드 지능이 중요하다. 지도 학습에서는 인간이 데이터를 라벨링 해 학습 효율을 높이며, 비지도 학습에서는 인간이 이벤트 의미를 이해하도록 돕는다. 강화 학습에서는 인간이 기계 행동을 조정하고 윤리적 규칙과 같은 소프트 규제를 적용한다.

보안 측면에서 스마트팩토리는 악성코드, 해킹, 서비스 거부 공격 등 다양한 사이버 위협에 노출되며, 인간은 AI 기반 침입 탐지 시스템(Intrusion Detection System, IDS)이 제공하는 정보를 분석하고 대응 전략을 설계하며, 공격 예방과 완화 과정에서 중요한 역할을 수행한다.

참고문헌

Aheleroff, S. et al.(2021). Digital twin as a service (DTaaS) in industry 4.0: An architecture reference model. *Advanced Engineering Informatics, 47*, p.101225.

Bhattacharya, M. et al.(2023). Human-in-loop: A review of smart manufacturing deployments. *Systems, 11*(1), p.35.

Clavijo, M. et al.(2023). The development and prospects of

autonomous driving technology. *Applied Sciences, 13*(9), p.5377.

Leng, J. et al.(2021). Digital twins-based smart manufacturing system design in Industry 4.0: A review. *Journal of manufacturing systems, 60*, pp.119~137.

07
리스크 프로파일링

도시는 불확실성을 위험 지수로 계산하는 시스템으로 바뀌고 있다. 개인의 금융 거래, 이동 경로, 소비 패턴 등은 위험 지표로 환산되며, 어떤 서비스를 이용할 수 있는지, 혹은 어떤 조건이 될지를 결정하는 기준이 된다. 그러나 이 과정에서 개인이 위험을 감수하는 정도나 위험 인식의 차이가 반영되지 않으면, 개인의 구체적인 맥락이 데이터 처리 단계에서 삭제되거나 무시될 수 있다.

AI와 애니메이션?

위험 관리 시스템

핀테크(FinTech), 프롭테크(PropTech), 인슈어테크(InsurTech) 기업의 비즈니스 모델은 지속 가능성 전략 및 위험 관리(risk management)와 긴밀하게 연결되어 있다. 전통적으로 금융 기관은 대출 불이행, 유동성 부족, 시장 불안정성 등 다양한 위험을 관리하는 데 집중해 왔으며, 이러한 활동은 강력한 규제 환경 속에서 필수적인 활동이었다. 최근에는 AI와 데이터 과학 기술이 도입되면서 기업의 지속 가능성 계획과 위험 관리 시스템의 구조적 연계가 한층 더 강화되고 있다.

핀테크와 AI 기술 덕분에 금융 리스크를 식별하고, 측정하고, 대응하는 능력이 획기적으로 개선되었다. 위험 관리 시스템의 자동화와 지능화는 처리 속도와 정확성을 크게 향상했다. 예를 들어, AI 기반 시스템을 활용하면 대출 신청 검토 시간이 수 시간에서 단 몇 분으로 단축되고, 리스크 평가 프로세스 효율이 80% 이상 향상되는 성과를 보인다(Weber et al., 2024).

또한 데이터 과학을 활용하면 비정형 데이터를 포함하는 신용 평가 모델을 만들 수 있다. 사기 탐지 시스템도 계좌 내 이상 거래를 실시간으로 식별할 만큼 더욱 정교해지고 있다. 규제 준수 영역에서도 AI는 법규 위반 탐지율을 높이고, 규제 이행 비용을 절감하는 유력한 기술로 자리 잡고 있다.

위험 관리와 지속 가능성 전략의 연계는 금융 포용성 확대까지 이어지며, 기업의 비즈니스 모델 전환에 영향을 미친다. 스페인의 한 연구에 따르면, 핀테크 기업이 지속 가능성 부서를 두고 있는지 여부가 B2B 또는 B2C 비즈니스 모델 선택에 유의미한 영향을 미친다. 이는 환경·사회·지배 구조(ESG) 목표와 함께하는 전략적 선택으로 볼 수 있다(Weber et al., 2024). 이러한 금융 리스크 대응 전략은 중소기업, 비은행 사용자, 취약 계층 등 그동안 금융 서비스에서 소외되었던 다양한 사용자들을 포용하는 금융 생태계를 만드는 데 긍정적인 영향을 준다.

설명 가능한 AI(XAI)

XAI는 AI의 블랙박스 문제를 해결하는 기술이다. 이 기술은 AI가 어떤 과정을 거쳐 결론을 내렸는지 인간이 알기 쉽게 설명한다. AI 시스템이 점점 더 복잡해지고 다양한 산업에 통합되면서, 그 작동 원리를 설명하는 능력이 더욱 중요해지고 있다. XAI는 사용자와 규제 기관이 AI의 판단 근거를 쉽게 이해하도록 돕는다. 이 덕분에 기술을 받아들이는 데에 대한 거부감이 줄어들고, 신뢰를 쌓는 것이 가능하다.

금융, 의료, 법률처럼 위험과 규제가 높은 분야에서는 XAI가 투명성, 책임성, 공정성을 확보하는 역할을 한다. 특히 금융 산업에서 설명 가능성은 규제 준수와 소비자 보호를 위한 실질적 수단으로 활용되고 있다. 미국의 금융투명성법(FTA), 유럽의 인공지능법(AIA)과 일반 데이터 보호 규정(GDPR)처럼 많은 법규가 AI가 내린 결정에 대한 설명이 가능해야 한다고 요구한다. 이러한 요구는 독일 연방 금융감독청을 비롯한 각국 감독 기관의 기술 평가 기준에도 그대로 반영된다. AI가 내린 결정을 인간이 이해하고 설명할 수 있어야만 법적 책임을 명확히 하고 금융 소비자를 보호할 수 있기 때문이다(Jindal, 2024).

XAI 접근 방식은 세 가지 기준으로 분류할 수 있다. 첫째, XAI는 모델이 얼마나 투명한지에 따라 두 가지로 나뉜다. 투명 모델(white-box)은 구조가 단순해 작동 원리를 쉽게 알 수 있는 모델이다. 선형 회귀나 결정 트리가 여기에 해당한다. 반면 불투명 모델(black-box)은 내부가 복잡해서 결과를 내놓은 뒤에야 설명이 필요한 모델을 말한다. 심층 신경망이나 앙상블 모델이 대표적인 예다.

둘째, XAI는 특정 모델에만 적용되는지, 아니면 어떤 모델에나 적용 가능한지에 따라 두 가지로 구분된다. 모델-특정적(Model-specific) 기법은 특정 모델에만 쓸 수 있는 방식이다. CNN의 시각화 기법이나 트리 기반 알고리즘의 SHAP이 여기에 속한다. 모델-불특정적(Model-agnostic) 기법은 모델 종류와 상관없이 다양하게 쓸 수 있다. LIME이나 Kernel SHAP가 대표적인 예다.

셋째, XAI는 설명하는 범위(Scope)에 따라 두 가지로 나뉜다. 글로벌 기법은 전체 모델이 어떤 원리로 작동하는지를 설명한다. 로컬 기법은 특정 데이터에 대한 모델의 예측 결과를 왜 그렇게 내놓았는지 설명한다.

금융 산업에서 XAI는 위험 관리, 신용 평가, 포트폴리오 최적화, 사기 탐지, 자금 세탁 방지 등 다양한 분야에 활용된다. 예를 들어, 대출자의 상환 가능성을 예측하는 AI 모델에서 XAI가 판단 근거를 제시해 심사를 더 투명하고 설득력 있게 만든다. 주식 시장에서는 투자 알고리즘이 결정을 내린 이유를 설명하고, 포트폴리오 최적화에서는 자산 분배의 논리를 보여 주어 투자 목표 달성에 대한 정당성을 확보한다. 자금 세탁 방지 영역에서는 AI가 자동으로 탐지한 이상 거래에 대해 왜 의심했는지를 규제 기관이나 당사자에게 설명해 줌으로써 불필요한 거래 중단을 막을 수 있다.

금융 자동화가 확산하면서 AI의 설명 가능성은 점점 더 중요해진다. 기술 수용성의 문제를 넘어 법적 책임과 조직을 방어하는 능력까지 직결되기 때문이다. XAI는 결과와 이해를 돕는 과정까지 사용자에게 제공해 AI 시스템의 사회적 정당성과 운영 효율성을 동시에 높이는 기술로 자리 잡고 있다.

글로벌 트렌드

핀테크(FinTech)는 모바일 결제, P2P 대출, 로보어드바이저 등 다양한 기술로 금융 서비스의 접근성과 효율성을 높이고 있다. 인슈어테크(InsurTech)는 데이터 기반 리스크 분석, AI 보험 추천, 텔레매틱스 기술을 활용해 보험 상품의 가격 책정과 보상 체계를 더 정교하게 만든다. 프롭테크(PropTech)는 AI로 집값을 자동으로 평가하고, 가상현실 기술로 집을 미리 둘러보게 하며, 복잡한 계약 절차를 디지털로 간소화한다.

이들 산업군은 ESG(환경-사회-지배 구조)와 SDGs(지속가능발전목표)에 대한 관심이 커지면서 장기적인 가치 창출을 목표로 한다. 핀테크와 인슈어테크 기업은 친환경 금융 상품 개발, 기후 리스크 평가와 금융 접근성 개선을 통해 지속 가능한 금융 생태계를 만든다. 그 결과 투자자의 신뢰를 얻고 글로벌 규제에도 효과적으로 대응한다. ESG 데이터 분석 플랫폼, 녹색 채권 평가 시스템 등이 주요 서비스로 떠오르고 있다.

비즈니스 모델 측면에서는 소비자(B2C) 중심에서 기업(B2B) 중심으로 구조가 바뀌고 있다. 기업 고객을 위한 데이터 분석, 리스크 평가, 맞춤형 금융 인프라 제공 등 고부가 가치를 창출하는 영역으로 사업을 확장하는 것이 성장 전략이 되고 있다(Cruz Rambaud & Lopez Pascual, 2023).

동시에 산업 간 협업도 이루어진다. 디지털 금융 플랫폼은 금융, 통신, 물류, 유통 등 다양한 산업과 연결되어 서비스 연계성과 사용자 경험을 최적화한다. 알리바바와 텐센트 같은 기업이 기술과 자본을 융합해 새로운 금융 패러다임을 이끌고 있는 것이 대표적인 예다.

인재전쟁

한 조사에 따르면, 핀테크 기업의 94%가 인력 증원을 계획하고 50% 이상이 인재 확보를 주요 과제로 꼽는다. 하지만 숙련된 인재를 유치하는 것은 여전히 어렵다고 한다(Kinsella, 2022). 이들 기업에서 가장 수요가 많은 기술은 코딩, 소프트웨어 개발, 제품 및 위험 관리 등으로 나타났다.

숙련된 기술 인력이 부족해지면서 그들의 몸값이 상승하고 있다. 또한, 지금의 세대는 직업 발전, 직장 문화, 재정적 보상, 일과 삶의 균형 등을 더 중요하게 여겨 한 회사에 대한 충성도가 낮아지는 경향을 보인다.

이러한 인재를 개발하고 유지하는 데는 AI 기반 데이터 분석과 예측을 통한 전략적 접근이 필요하다. 인재가 조직에 계속 기여하고 성장하도록 유도하기 위해, 지속적인 학습 환경과 개인 성장 기회를 제공하여 잠재력을 극대화해야 한다. 그리고 개별화된 소통과 멘토링을 통해 단단한 신뢰 관계를 구축하고, 명확한 경력 계획과 빠른 성장 기회를 포함하는 맞춤형 인재 관리 프레임워크로 그들의 미래를 함께 설계해야 한다.

참고문헌

Cruz Rambaud, S. & Lopez Pascual, J.(2023). Insurtech, proptech, and fintech environment: Sustainability, global trends and opportunities. *Sustainability, 15*(12), p.9574.

Jindal, G.(2024). The role of finance tech in revolutionizing traditional banking systems through data science and AI. *Journal of Applied Sciences, 4*(11), pp.10~21.

Kinsella, S.(2022). '*War for Talent' within the growing Irish FinTech sector: Is the recruitment, selection, and development of Generation Z the solution?* Doctoral dissertation, Dublin, National College of Ireland.

Weber, P. et al.(2024). Applications of explainable artificial intelligence in finance—a systematic review of finance, information systems, and computer science literature. *Management Review Quarterly, 74*(2), pp.867~907.

08
선택이라는 환상

알고리즘은 클릭 기록과 이동 경로를 분석해, 개인의 감정과 취향에 맞는 소비를 제안한다. 과거에는 자율적 욕망이 소비를 이끌었지만, 이제는 보이지 않는 통제 구조가 그 방향을 결정한다. 그 결과, 우리의 선택은 알고리즘이 제시하는 가능성의 범위에 갇히게 된다. 결국 우리가 스스로 내린 결정이라 믿는 행위조차, 알고리즘이 제시한 자극에 대한 반응에 불과할 수 있다.

AI와 인재 채용?

개인화 마케팅

개인화 마케팅은 소비자의 행동, 취향, 상황을 분석해 각 개인에게 가장 적합한 메시지를 제공한다. 실제로 소비자의 80%가 개인화 경험을 제공하는 브랜드에 더 높은 충성도를 보인다. 이는 결국 이러한 전략의 성패가 기업의 생존을 결정한다는 것을 보여 준다(Iyelolu et al., 2024).

AI의 도입은 개인화 마케팅의 범위와 정밀도를 획기적으로 확장했다. AI는 대규모 데이터를 실시간으로 분석해 고객을 세분화하고, 각 개인에게 최적화된 콘텐츠와 경험을 자동으로 만들어 낸다. 예를 들어, 넷플릭스와 아마존 등 기업에서는 사용자 행동 데이터를 기반으로 콘텐츠와 상품을 실시간으로 추천해 구매 전환율과 사용자 체류 시간을 동시에 높이는 것이 가능하다.

AI 기술은 다양한 지점에서 마케팅의 자동화와 고도화를 돕는다. 첫째, 고객 세분화 기술은 검색 기록, 구매 이력, 소셜 미디어 상호 작용 등을 분석해 아주 상세한 사용자 프로필을 만든다. 둘째, 예측 분석은 과거 데이터를 바탕으로 고객의 행동과 선호를 예측해 마케팅 타이밍과 메시지를 정밀하게 조정한다. 셋째, 자연어 처리(NLP) 기반 챗봇은 실시간 대화를 통해 고객 응대를 자동화하고, 개인화된 상품 추천과 문제 해결을 제공한다. 넷째, 동적 가격 전략은 수요, 경쟁 상황, 시간대 등을 고려한 AI 알고리즘으로 실시간 가격을 조정해 수익을 극대화한다.

하지만 AI를 활용한 마케팅에는 여러 윤리적 · 사회적 문제가 따른다. 첫째, 개인 정보 문제다. AI 마케팅의 핵심이 개인 데이터를 쓰는 것이지만, 프라이버시를 지키는 것이 가장 중요한 과제다. 실제로 GDPR 같은 규제는 AI가 데이터를 쓰는 방식을 엄격하게 제한하고 있다. 둘째, 알고리즘 편향은 특정 집단에 불공평한 결과를 가져올 수 있다. 셋째, 인간의 역할이 줄어드는 문제다. AI의 예측에만 과도하게 의존하면 마케팅에서 사람의 판단력과 창의성이 점차 설 자리를 잃을 수 있다.

AI 마케팅을 성공적으로 구현하려면 몇 가지 전략적 조건이 필요하다. 첫째, 다양한 데이터 소스를 통합하고 관리할 수 있는 유연한 인프라와 체계를 갖춰야 한다. 둘째, NLP, 머신러닝, 추천 알고리즘 같은 핵심 AI 기술을 마케팅 구조에 단계적으로 도입해야 한다. 셋째, 기술 변화에 유연하게 대응하도록 조직 내부에 지속적인 학습과 실험, 혁신을 장려하는 문화를 만들어야 한다. 넷째, AI 도구를 선택할 때는 기술적 효율성뿐만 아니라 윤리적으로 올바른지도 함께 고려해 단기 수익보다는 장기적인 신뢰를 지향하는 전략을 세워야 한다.

AI 마케팅은 앞으로 더욱 몰입적인 경험을 제공하는 방향으로 전환할 것이다. 고급 예측 모델은 소비자의 감정, 가치관, 상황적 맥락까지 분석하려는 시도가 활발하다. 소셜 미디어와 스마트 기기 데이터가 이러한 예측의 주요 기반이 된다. 또한 AI 기반 챗봇은 인간과의 대화에 가까운 개인화된 경험을 제공한다. 시각 · 음성 인식 기술은 텍스트 중심의 검색을 바꾸고 있다. AR · VR 콘텐츠는 현실과 가상의 경계를 허물며 새로운 마케팅 채널이 된다.

고객 경험

뷰티 산업에서의 차별화 전략에 불과했던 고객 경험(Customer Experience, CX)은 브랜드 충성도와 재구매 의도를 결정짓게 되었다. 특히 AR과 AI 기반 솔루션은 고객과의 접점을 근본적으로 바꾸고 있다. 코로나19 이후 비대면 소비 환경이 빠르게 확산하면서 그 중요성이 더욱 커졌다.

뷰티테크는 AR 기반의 가상 체험인 VTO(Virtual Try-On)와 AI 기반 디지털 진단 도구를 결합해 고객에게 실시간 맞춤형 체험을 제공한다. 사용자는 얼굴, 피부 및 모발 상태를 분석 받고, 그 결과를 바탕으로 최적의 색상과 제형, 제품 조합을 추천받는다. 일부 브랜드는 사용자가 직접 립스틱 컬러나 스킨케어 조합을 설계하게 함으로써, 개인 맞춤형 제품 생산이 얼마나 확장될 수 있는지 보여 준다.

이러한 사용자 경험은 정보성, 상호 작용성, 개인화, 서비스 품질이라는 네 가지 속성으로 이루어진다. 이들은 자극-유기체-반응(S-O-R) 모델에서 '자극'에 해당한다. 각 속성은 실용적 가치와 감성적 만족을 동시에 주며, 그 결과 구매, 추천, 재방문 등의 행동으로 이어진다. 특히 AR의 상호 작용성과 AI 추천의 정보 제공력은 소비자의 참여를 크게 늘리는 주요 요인이다. 고객은 자신의 행동에 실시간으로 반응하는 인터페이스를 통해 브랜드와 더 능동적으로 소통하게 된다(Schwientek & Perret, 2025).

그러나 이러한 기술 기반의 경험이 항상 긍정적인 것만은 아니다. 일부 사용자는 AR 필터나 VTO를 비현실적이고 인위적인 체험으로 인식하며 이질감을 느끼기도 한다. AI 기반 추천은 높은 정확성을 제공하지만, 여러 윤리적 문제를 일으킬 수 있다. 개인 데이터 수집과 활용에 따른 사생활 침해 우려나 알고리즘 편향 문제가 대표적이다. 또한 고가의 디바이스와 특정 앱 환경은 기술 접근성의 장벽이 된다. 이는 결국 새로운 형태의 디지털 불평등을 불러올 가능성도 있다.

기업은 기술이 아니라 경험 자체를 설계해야 한다. 상호 작용성과 정보성을 강화하면서, 사용자가 기술에 점차 익숙해지도록 실질적인 체험 기회를 줄 수 있다. 개인화 기능을 확대할 때는 알고리즘 작동 원리와 데이터 활용 방침에 대한 설명을 투명하게 제공해야 한다. 특히 신체적 제약이 있는 사용자를 위한 보조 기술은 접근성과 포용성을 고려해 브랜드의 윤리성과 공공성을 보여 주는 상징이 될 수 있다.

콘텐츠 탐지 의무

AI가 만든 콘텐츠가 많아지면서, 누가 그 콘텐츠의 진위를 밝혀낼지에 대한 책임 문제가 새롭게 떠오르고 있다. 특히 유럽연합(EU)의 인공지능법(AI Act)은 생성형 콘텐츠에 대한 탐지 의무를 명확히 밝힌다. 이 법은 기술 공급자뿐 아니라 콘텐츠 유통자 및 플랫폼 운영자에게도 법적 책임을 지우고 있다. AI 시스템은 허용 불가능한 위험, 고위험, 제한적 위험, 최소 위험의 4단계 위험 수준으로 분류되며 제한적 위험(Limited Risk) AI 시스템은 생성형 AI의 콘텐츠 등과 관련하여 투명성 의무를 부가하고 있다. 기존 워터마킹 방식의 한계를 고려해 로그 기반 탐지(log-based detection) 기술이 대안으로 떠오른다. 출처를 인증하는 메커니즘과 함께 도입하는 것도 권장된다.

AI 콘텐츠를 쉽게 구별하는 기술이 상용화되면, 이를 유통하는 기업들의 책임도 커진다. 언론사는 생성형 AI 콘텐츠 사용 여부를 명확히 표시해야 한다. 소셜 미디어 플랫폼은 이용자에게 AI 콘텐츠 수신 여부를 설정하는 기능을 제공해야 한다. 또한 유통하는 AI 콘텐츠의 양과 가짜 정보를 얼마나 탐지하고 삭제했는지에 대한 통계를 투명하게 공개할 의무가 있다.

검색 엔진 기업은 탐지 기술을 활용해 AI가 만든 웹사이트를 식별해야 한다. 그리고 해당 정보를 검색 결과에 명시하거나 노출 순위를 조정하는 방식으로 사용자에게 신뢰할 수 있는 정보를 제공해야 한다.

이러한 탐지 의무가 실효성을 갖추기 위해서는 정부의 지원과 새로운 기술 개발이 동시에 이루어져야 한다. 첫째, AI 콘텐츠뿐만 아니라 모든 콘텐츠에 누가 만들었는지 명확하게 표시하는 포괄적인 출처 인증 체계를 마련해 탐지 기술과 상호 보완적으로 작동할 수 있도록 해야 한다. 둘째, 워터마크나 로그 기반 알고리즘 같은 AI 탐지 기술을 개발하는 연구에 공공 자금으로 지원해 기술의 진화와 상용화를 촉진해야 한다. 셋째, 탐지 기술 도입에 어려움을 겪는 소규모 사업자를 위한 공공재 제공 또는 비용 보조 제도 역시 마련되어야 한다. 마지막으로, 텍스트 재구성기나 이미지 변환기처럼 탐지를 회피하려는 기술의 우회 경로에 대응할 수 있는 정책적 조치 또한 병행되어야 한다(Knott et al., 2024).

참고문헌

Iyelolu, T. V. et al.(2024). Leveraging artificial intelligence for personalized marketing campaigns to improve conversion rates. *International Journal of Engineering Research and Development, 20*(8), pp.253~270.

Knott, A. et al.(2024). AI content detection in the emerging information ecosystem: new obligations for media and tech companies. *Ethics and Information Technology, 26*(4), p.63.

Schwientek, J. & Perret, J. K.(2025). *Beauty Tech: The Impact of Augmented Reality and Artificial Intelligence on Customer Experience.*

09
그린 딜레마

기술은 원래 삶을 편리하고 풍요롭게 만들기 위한 도구였다. 하지만 오늘날의 기술은 생산과 소비를 부추기며 환경에 막대한 부담을 안기는 역설적인 결과를 가져왔다. 이제 기후 변화는 더 이상 막연한 미래 세대의 과제가 아니다. 바로 우리 눈앞에 닥친 가장 시급한 현실이다. 기술의 목표는 환경을 치유하고 지속 가능한 미래를 구축하는 방향으로 새롭게 정의되어야 한다.

AI와 기자?

스마트 도시

스마트 도시는 첨단 기술을 활용해 도시를 더 효율적이고 친환경적으로 만드는 것이다. 최근 몇 년간 도시 인구가 늘어나고, 새로운 정책들이 생겨나고, 코로나19 같은 예상치 못한 사건들이 터지면서 스마트 도시의 필요성이 더욱 커졌다(Bibri et al., 2023).

첫 번째 단계는 1990년대부터 2015년까지로, 스마트 도시의 개념이 형성되고 일부 기술이 제한적으로 도입되던 시기다. 1994년 처음 제안된 스마트 도시는 한동안 경제성과 정보 기술 중심의 담론에 머물렀다. 이 시기 AI의 역할도 매우 제한적이었다. 스마트 그리드 같은 기술도 법이나 제도의 문제 때문에 널리 퍼지지 못했다. 2010년 이후에야 비로소 환경과 도시, 기술을 함께 생각하는 개념이 본격적으로 논의되기 시작했다.

두 번째 단계는 2016년부터 2019년까지로, 기술이 본격적으로 확산하고 AI의 도시 생태계 진입이 이루어진 시기다. SDGs의 채택은 도시 개발에서 환경적 책임을 강조하는 전환점을 마련했고, IoT와 빅데이터 기술은 도시 기반 시설 전반에 빠르게 적용되었다. AI는 실시간 수집 데이터를 활용해 기후 예측, 재난 대응, 에너지 관리, 수자원 최적화 등 각종 환경 문제 해결에 활용되었고, 정보 흐름을 구조화해 도시의 효율성과 회복력을 동시에 높이는 수단으로 부상했다. 이 시기에 '지속 가능한 스마트 도시'라는 개념이 정책과 학계에서 본격적으로 정립되었다.

세 번째 단계는 2020년 이후로, 팬데믹을 계기로 급속히 디지털 전환이 이뤄진 시기다. COVID-19는 물리적 제약을 넘어설 수 있는 기술 수단으로 AI와 IoT를 전면에 부상시켰고, 스마트 도시 기술이 전방위적으로 확산하는 계기가 되었다. AIoT 기반 시스템은 공공 서비스, 에너지, 환경 모니터링 등 다양한 도시 기능에 통합되었다. 딥러닝, 인공신경망, 서포트 벡터 머신(SVM), 랜덤 포레스트 등 고도화된 AI 기술이 도시 설계의 핵심 도구로 자리 잡았다. 블록체인은 신뢰 기반의 데이터 운영을 가능하게 해 녹색 에너지 유통과 탄소 배출 추적에 활용되고 있다. 이러한 기술 융합은 도시를 더욱 예측 가능하고 회복력 있는 공간으로 만들고 있다. 환경 지속 가능성은 도시 운영의 전제가 되었다.

이러한 기술 발전에는 몇 가지 구조적 배경이 있다. 첫째, 급속한 도시화는 자원 소비와 온실가스 배출을 심화시켰고, 도시는 기후 위기 대응의 최전선이 되었다. SDG 11번(지속 가능한 도시와 공동체)은 스마트 도시 설계에 환경 기준을 명확히 요구하고 있다. 둘째, 기존 스마트 도시 모델이 효율성과 경제성 중심이었다는 비판 속에서 환경과 사회적 가치를 통합하려는 요구가 높아졌다. 셋째, AI, IoT, 빅데이터 기술의 고도화는 도시 운영의 실시간 감지, 예측과 제어를 가능하게 하며, 환경 문제 해결을 위한 전략적 기반을 제공한다. 마지막으로, 팬데믹은 스마트 기술의 사회적 수용성과 의존도를 증대시켰다.

그러나 기술 중심의 접근은 역설적으로 또 다른 환경 부담을 수반한다. 대규모 AI 모델의 학습과 운영은 막대한 전력을 요구하며, 데이터 센터는 이미 주요 에너지 소비 주체로 부상했다. AI 기술은 동시에 개인 정보 보호, 알고리즘 편향, 불투명성, 사회적 불평등 등의 윤리적 문제도 일으킨다(Cowls et al., 2023).

결국 스마트 도시의 지속 가능성은 기술 자체의 발전과 아울러 그 기술이 어떻게 설계되고 활용되느냐에 달려 있다. 도시화, 글로벌 정책, 기술 혁신, 팬데믹이라는 복합적 요인이 교차하는 이 시기에 AI, IoT, 빅데이터는 환경 목표 달성의 도구이자 도시 혁신의 기반으로 작동하고 있다. 이들 기술은 도시 생태계 구축에 쓰이며, 미래 도시 발전의 핵심으로 자리하고 있다.

기후 기술

기후 기술은 기술적 진보뿐만 아니라 심리적 안정을 동시에 제공한다. 가까운 미래에 기술이 모든 문제를 해결해 줄 것이라는 막연한 기대는 기후 위기 대응 노력을 약화하는 동시에 기술에 대한 과도한 신뢰를 정당화하는 지평선 편향(horizon bias)으로 작동한다.

그런데도 기후 기술은 실제로 강력한 문제 해결 수단이 될 수 있다. AI를 비롯한 첨단 기술이 환경 문제 해결의 패러다임으로 전환되고 있으며, 지속 가능한 도시 설계나 에너지 인프라 최적화에서 중요한 성과를 내고 있다.

대표적인 기업 사례는 구글(Google)이다. AI 기반 시스템을 통해 자사의 데이터 센터 에너지 사용량을 최대 40%까지 절감한 바 있다. 이러한 효율성 개선 기술은 스마트 빌딩, 태양 복사량 예측, 에너지 수요 조절 등 재생에너지 전반으로 확장되고 있다.

AI는 환경 모니터링과 자원 관리에도 큰 역할을 하고 있다. 센서와 위성에서 얻은 공간 데이터를 분석해서 환경을 보호하는 데 쓰인다. 특정 지역의 조류 번식이 어떻게 될지 예측하거나, 질병이 퍼지는 경로를 미리 계산한다. 또한 쓰레기를 자동으로 분류하거나, 물의 오염도를 예측하고 물 부족을 미리 경고하는 시스템에도 활용되는 등이다.

이러한 기술 진전은 학계뿐 아니라 정책 영역에서도 중요한 부분이 되었다. 유럽연합의 디지털·생태 전환 전략이나 Destination Earth(DestinE) 프로젝트는 AI 기반 기후 대응 기술이 향후 정책의 핵심 수단이 될 것임을 명확히 보여 준다(Boppana, 2023).

그린 AI

그린 AI의 진보 역시 주목할 만하다. 그린 AI는 인공지능 기술이 환경을 고려한 방식으로 설계되고 운영되어야 한다는 전환적 관점을 담고 있다.

초기에는 그린 AI가 계산 비용을 고려하면서도 새로운 결과를 도출하는 AI 연구로 정의되었다. 이는 AI 모델의 학습과 추론 과정에서 발생하는 에너지 소비와 탄소 배출에 대한 문제의식에서 출발한 접근이었다.

최근 연구에 따르면 다수의 사례에서 50% 이상의 에너지 절감 효과가 확인되었고, 일부 실험에서는 최대 115%에 달하는 절감률이 보고되었다(Verdecchia et al., 2023).

오늘날 그린 AI는 그 범위가 훨씬 넓어졌다. 환경 문제 해결을 위해 AI를 활용하는 것(AI for Green)과 AI 기술 자체가 환경에 미치는 영향을 줄이는 것(Green AI of AI)의 이중 구조를 포함한다.

그린 AI를 실현하려면 다음 세 가지 영역에 집중해야 한다(Verdecchia et al., 2023). 첫째, 에너지 효율성을 높이는 것이다. 모델 압축(model compression)이나 가지치기(pruning) 같은 기술은 AI 모델의 크기를 줄여 전력 소모를 낮춘다. 양자화(quantization)나 신경형 컴퓨팅(neuromorphic computing) 등의 기술도 활발히 연구되고 있다.

둘째, 탄소 발자국을 줄여야 한다. 대규모 AI 모델을 개발하고 훈련하는 데는 막대한 양의 전기가 필요하다. 따라서 AI 개발 과정에서 얼마나 많은 전기를 쓰는지 꼼꼼히 추적하고, 전력 소모를 어떻게 줄일지 고민하는 것이 중요한 과제가 된다.

셋째, 생태 발자국 전체를 고려하는 접근이 필요하다. AI 모델의 설계부터 운영, 폐기에 이르는 전 과정에서 천연자원 소비와 물리적 인프라의 환경 영향을 종합적으로 평가해야 한다.

그린 AI는 환경적·사회적 책임을 담은 AI 시스템의 새로운 표준으로 떠오르고 있다. AI가 진정한 의미의 지속 가능한 기술이 되려면, 성능 개발과 함께 환경과 윤리를 포함한 다차원적 가치를 고려해야 한다.

참고문헌

Bibri, S. E. et al.(2023). Environmentally sustainable smart cities and their converging AI, IoT, and big data technologies and solutions: an integrated approach to an extensive literature review. *Energy Informatics, 6*(1), p.9.

Boppana, V. R.(2023). *Climate tech: Pioneering the path to a sustainable future.* SSRN.

Cowls, J. et al.(2023). The AI gambit: leveraging artificial intelligence to combat climate change—opportunities, challenges, and recommendations. *AI & Society, 38*(1), pp.283~307.

Fan, Z. et al.(2023). Deep learning and artificial intelligence in sustainability: a review of SDGs, renewable energy, and environmental health. *Sustainability, 15*(18), p.13493.

Kaack, L. H. et al.(2022). Aligning artificial intelligence with climate change mitigation. *Nature Climate Change, 12*(6), pp.518~527.

Verdecchia, R. et al.(2023). A systematic review of Green AI. *Wiley Interdisciplinary Reviews: Data Mining and Knowledge Discovery, 13*(4), p.e1507.

Weijers, D. & Agar, N.(2023). Why we're seduced by climate tech and what it means for our happiness. *Frontiers in Climate, 5*, p.1193581.

10
인간에게 남겨진 질문

문제는 기술이 빠르게 발전한다는 사실 자체가 아니다. 우리가 그 속도를 따라가느라 애쓰는 동안, 자신을 돌아볼 여유를 잃어 가고 있다는 점이다. 초연결 사회 속에서 느끼는 테크노스트레스는 기술이 주는 압박감에서 비롯되는 내면의 불안감이자 정체성의 저항이다. 지금 우리에게 필요한 것은 기술의 흐름에 무작정 몸을 맡기는 것이 아니라, 그 한가운데서 잠시 멈춰 서서 인간으로서의 근본적인 의미와 가치를 다시 묻는 일이다.

AI와 미래 의사?

테크노스트레스

테크노스트레스는 새로운 기술을 사용하거나 기술 변화에 적응하는 과정에서 느끼는 정신적, 심리적 압박감을 의미한다. 1982년 크레이그 브로드(Craig Brod)에 의해 개념화된 이 용어는 기술 때문에 생기는 여러 부정적인 감정을 포괄한다. 이는 기술이 언제 어디서나 존재하고, 끊임없이 변화하며, 우리의 일상을 방해하는 특성에서 비롯된다. 최근에는 기술 환경이 AI 중심으로 전환되면서 테크노스트레스의 양상과 강도가 더욱 복잡하고 심화한 형태로 나타나고 있다.

테크노스트레스는 일반적으로 스트레스의 거래 모델(transactional model of stress)로 설명된다. 이론에 따르면, 기술이라는 조건이 개인의 생각과 대처 방식에 영향을 미쳐 결국 스트레스로 이어진다(Pansini et al., 2023; Schmidt et al., 2021). 특히 AI 기술은 복잡성이 높고 통제하기 어렵다는 특징 때문에 사람들이 접할 때 불안하거나 부정적인 감정을 느끼기 쉽다. 이러한 감정들이 커지면 더 큰 스트레스 반응으로 나타날 가능성이 높다.

테크노스트레스의 주요 원인은 다음 다섯 가지로 요약된다. 첫째, 과부하는 기술 발달로 정보와 업무가 너무 많아져 개인이 감당하기 어렵다고 느끼는 상태다. 예를 들어, 업무 효율성 목적의 AI 기반 협업 도구나 자동화 피드백 시스템이 오히려 관리 복잡성이나 소통 부담을 키울 수 있다(Umair et al., 2023).

둘째, 사생활 침해는 기술이 사적 영역에 침범해 일과 삶의 경계를 모호하게 만드는 경우를 말한다. 기술의 편리함이 오히려 개인의 휴식을 빼앗아 가는 역실적인 상황이 여기에 해당한다.

셋째, 복잡성은 새로운 기술이나 시스템이 너무 복잡해서 배우고 사용하기 어렵다고 느낄 때 발생한다. 특히 AI 시스템은 인터페이스가 직관적이지 않거나 반복 학습을 요구하는 경우가 많아 인간에게 인지적 부담을 유발한다.

넷째, 기술이 너무 자주, 그리고 예측 불가능하게 바뀌면서 끊임없이 새로운 것을 배워야 한다는 부담감을 느끼게 된다. 이러한 부담감이 바로 불확실성이다. 잦은 서비스 업데이트나 불투명한 알고리즘 추천 시스템은 사용자가 기술을 통제한다는 느낌을 약화하고 혼란을 준다.

다섯째, 불안정성은 기술이 자신의 역할을 대신할 수 있다는 생각에서 오는 심리적 불안감이다. 이는 미래에 대한 막연함과 자기 존재의 의미에 대한 근본적인 의문으로 이어질 수 있다(Schmidt et al., 2021; Umair et al., 2023).

기술로 인한 스트레스가 커지면 여러 문제가 발생한다. 조직에 대한 애정과 업무 몰입도가 낮아지고, 자신감과 일에서 얻는 만족감이 줄어든다. 사용하는 시스템이나 프로그램에 대한 불만이 늘어나며, 심한 피로와 무기력함에 빠지는 번아웃 상태에 빠질 위험이 커진다. 이러한 문제들을 해결하려면 어떤 기술로 인해 얼마나 스트레스를 받고 있는지 정확히 아는 것이 가장 중요하다.

테크노스트레스 자가 진단

디지털 환경에서 내가 얼마나 스트레스를 경험하고 있는지 확인해 보길 바란다.

■ **테크노 과부하**(Techno-overload)

- □ 기술이 업무 효율을 저해한다.
- □ 사용하는 도구가 많아질수록 빠른 대응이 어렵다.
- □ 기술로 인해 감당할 수 없는 문제를 일으킨다.

■ **테크노 침해**(Techno-invasion)

- □ 기술로 인해 일과 삶의 경계가 모호해진다.

□ 기술이 사생활을 방해한다고 느낀다.

□ 기기를 끄면 일에 대한 죄책감을 느낀다.

■ **테크노 복잡성**(Techno-complexity)

□ 기술이 복잡해서 제대로 활용할 수 없다고 느낀다.

□ 기술을 효과적으로 활용할 지식이 부족하다.

□ 끊임없이 발전하고 업그레이드되는 기술에 부담감을 느낀다.

■ **테크노 불확실성**(Techno-uncertainty)

□ 기술 변화 방향이 불분명하고 예측하기 어렵다.

□ 도구가 자주 바뀌어 혼란을 겪는다.

□ 계속 변화에 적응해 갈 수 있을지 확신이 없다.

■ **테크노 불안정성**(Techno-insecurity)

□ 기술 때문에 고용 안정성에 불안을 느낀다.

□ 동료의 기술 역량에 위협을 느낀다.

□ 대체될까 두려워 동료들과 지식공유가 적다.

진단 결과에 따른 현재 수준은 다음과 같다.

[0~4**개 체크**] **안정 수준**(Stable Level)

기술과 일의 균형을 잘 유지하고 있으니, 지금처럼 자신의 리듬과 경계를 지키는 태도가 중요하다.

- **작은 회복의 기술**

✓ 쓰지 않는 앱을 삭제해 디지털 환경을 정돈하기

✓ 알림 설정을 점검해 꼭 필요한 알림만 유지하기

✓ 점심시간에 10분 만이라도 휴대폰 없이 산책하기

[5~9**개 체크**] **주의 수준**(Caution Level)

기술 사용에서 피로와 긴장의 신호가 감지되어, 디지털 사용 습관을 점검하고 조정할 타이밍이다.

- **작은 회복의 기술**

✓ 퇴근 시간 알람을 설정하고, 울리면 업무용 앱 닫기

✓ 새로운 도구를 동료와 함께 배우고, 서로 기능을 교환하기

✓ 업데이트가 나오면 나에게 꼭 필요한 기능만 기록해 두기

[10~15**개 체크**] **위험 수준**(Risk Level)

기술 피로와 감정적 과부하가 누적된 상태로, 일상 회복을

위한 적극적인 개입이 필요하다.

- 작은 회복의 기술

✓ 기술에 익숙한 동료와 커피를 마시며 궁금한 기능을 편하게 물어보기

✓ 새로 배운 기능은 팀 단톡방에 짧게 공유하기

✓ AI가 작성한 초안에 나의 해석과 스토리를 덧붙이기

균형을 지탱하는 힘

디지털 기술 환경에서 테크노스트레스는 피하기 어렵다. 하지만 이를 효과적으로 극복할 방법은 존재한다. 오늘날 개인의 역량, 조직의 구조, 그리고 관계적 맥락은 회복을 결정짓는 핵심 요소로 작용한다.

첫째, 테크 리터러시(Tech Literacy)는 기술의 원리를 이해하고 비판적으로 활용하는 역량이다. 기술 발전으로 인한 불안감을 줄이고, 변화에 효과적으로 적응할 수 있다(Golz et al., 2021).

둘째, 조직적 지원(Organizational Support)은 구성원들이 기술 변화에 잘 적응하도록 돕는 다양한 시스템과 환경을 의미한다. 유연 근무제, 기술 교육, 업무 재조정, 정서적 안전망 등을 제공하면, 구성원들의 심리적 · 물

리적 부담을 줄일 수 있다(Saleem & Malik, 2023).

셋째, 관계적 자원(Relational Resources)으로 테크노스트레스가 감정적 소진으로 이어지는 것을 막을 수 있다. 동료 간 협력, 명확한 업무 분담, 신속한 피드백 등은 기술 문제로 인한 불확실성과 무력감을 줄이는 데 도움을 준다.

"지금의 일과 기술이 삶을 압도하지 않도록, 당신의 리듬을 회복하세요."

참고문헌

Golz, C. et al.(2021a). Technostress among health professionals – a multilevel model and group comparisons between settings and professions. *Informatics for Health and Social Care, 46*(2), pp.137~149.

Golz, C. et al.(2021b). Technostress and digital competence among health professionals in Swiss psychiatric hospitals: cross-sectional study. *JMIR Mental Health, 8*(11), p.e31408.

Nimrod, G.(2018). Technostress: measuring a new threat to well-being in later life. *Aging & Mental Health, 22*(8), pp.1086~1093.

Pansini, M. et al.(2023). Positioning technostress in the JD-R model perspective: a systematic literature review. *Healthcare, 11*(3), p.446.

Saleem, F. & Malik, M. I.(2023). Technostress, quality of work life, and job performance: a moderated mediation model. *Behavioral Sciences, 13*(12), p.1014.

Schmidt, M. et al.(2021). How adolescents cope with technostress: A mixed-methods approach. International *Journal of Electronic Commerce, 25*(2), pp.154~180.

Umair, A. et al.(2023). Examining technostress and its impact on worker well-being in the digital gig economy. *Internet Research, 33*(7), pp.206~242.

Whelan, E. et al.(2022). How technostress and self-control of social networking sites affect academic achievement and wellbeing. *Internet Research, 32*(7), pp.280~306.

조혜인

한림대학교 AI융합연구원 연구교수다. 이화여자대학교 법학과를 졸업했다. 서강대학교 교육대학원에서 평생교육 전공으로 교육학 석사 학위를 취득했으며, 서울대학교 산업인력개발학과 박사 과정을 수료했다. 법과 교육, 산업을 아우르는 학제적 관점을 바탕으로 융합형 인재 양성을 위한 교육 설계와 정책 연구에 주력하고 있다. 변화하는 사회에서 인공지능 기술과 인간 역량 개발 간의 접점을 탐색하며, 학습 분석 기반 예측을 통해 창의적 문제 해결을 촉진하고자 한다.